코인의 반란

불법 다단계

코인의 반란

불법 다단계

초판 1쇄 발행 2022년 2월 11일

지 은 이 박대겸 · 신경식 · 황우상
발 행 인 권선복
편   집 권보송
디 자 인 김소영
전 자 책 오지영
마 케 팅 권보송
발 행 처 도서출판 행복에너지
출판등록 제315-2011-000035호
주   소 (157-010) 서울특별시 강서구 화곡로 232
전   화 0505-613-6133
팩   스 0303-0799-1560
홈페이지 www.happybook.or.kr
이 메 일 ksbdata@daum.net

값 25,000원

ISBN 979-11-5602-957-1   (13320)

도서출판 행복에너지는 독자 여러분의 아이디어와 원고 투고를 기다립니다. 책으로 만들기를 원하는 콘텐츠가 있으신 분은 이메일이나 홈페이지를 통해 간단한 기획서와 기획의도, 연락처 등을 보내주십시오. 행복에너지의 문은 언제나 활짝 열려 있습니다.

코인의 반란

불법 다단계

박대겸 · 신경식 · 황우상 지음

4차
산업혁명 시대
대한민국
필독서

내 재산을
지키는
확실한 지식

가상화폐,
투자 안 하면 바보다?

비트코인, 가상화폐, NFT, 다단계 투자…
재테크라는 이름 속 투자가 너무나 당연한 세상
신중한 투자가 당신의 자산을 구한다.

도서
출판 행복에너지

요즘 남녀노소를 가리지 않고 가상 화폐, 비트코인을 모르는 사람은 거의 없다. 그러나 비트코인을 잘 아는 사람도 많지 않다. 수박 겉핥기 식으로 조금 알면서 잘 아는 것처럼, 마치 선무당이 집안 망치듯이 임의 판단으로 평생 젊음을 바쳐 일한 대가인 퇴직금을 하루아침에 물거품처럼 날려버리는 것을 주변에서 종종 보게 된다.

　세상만사 때를 읽지 못하고 놓치면 모든 것이 허사가 되고 만다. 나설 때와 들어갈 때를 알아야 하고, 앉을 때와 일어날 때를 알아야 한다. 똑똑한 척하며 어리석게 살지 말고, 어리석은 체하면서 현명하게 사는 지혜를 배워야 한다.

　21세기는 4차 산업혁명 시대이고 전문가 중심의 시대이다. '선무당이 사람 잡고, 반풍수가 집안을 망치며, 아는 만큼 보인다.'라는 말이 있다.

돈 많은 사람은 다단계 비트코인에 손대지 않는다.

우리는 사회생활을 하면서 지인들이나 친지 등의 권유로 생활용품 외의 여러 가지 물건을 한두 번은 구매해 본 경험을 가지고 있다. 우리가 구매했던 제품들이 나도 모르는 사이에 다단계 판매에 연결되어 있는지 그냥 모르고 지나가는 경우도 허다하다. 나도 모르는 사이에 불법 다단계에서 판매하는 물건을 사고 어느 날 나도 모르는 사이에 다단계 사업에 발이 빠져 있는 경우도 종종 있다.

다단계 판매 실적에 따른 특정 직급을 받게 되면 그에 따른 인센티브를 받게 되고 다음 직급을 받으면 더 많은 인센티브가 다단계 판매자를 기다리고 있다. 대개 다음 직급이라는 달콤한 유혹에서 벗어나기는 쉽지 않다. 그래서 자신도 모르는 사이에 더 높은 직급에 도전하려는 욕심으로 물건을 사재기하는 경우도 많다. 이것이 쌓이고 쌓이면 감당할 수 없을 정도로 다단계 판매의 늪에 빠져들게 된다.

최근 우리 주변에서 실행되고 있는 불법 다단계들은 우리 생활 속 깊숙이 침투해 있다. 처음 접근할 때는 아무런 부담이 없다고 유혹하며, 그 유혹에 빠져들어 한 발 넣게 되면 시간이 지나면서 자신도 모르게 두 발을 넣게 되고 나중에는 몸 전체가 빠지게 된다. 그렇게 해서 가사를 탕진하는 경우가 많이 있었다.

오래전 재팬 라이프가 한국에 들어와서 대학생들을 불법 감금시켜서 몇 개월 합숙하는 경우도 있었다. 그때마다 언론에서 보도를 하고 관계자들을 적발하고 처벌을 했지만 경제범이라는 이유로 솜방망이 처벌로 끝났다. 그 결과 불법다단계는 지금까지도 근절되지 않고 있으며, 이제는 합법을 가장한 불법행위가 곳곳에서 발생하고 있다. 그런 가운데 불법다단계업체는 이제 불법 다단계 코인업체로 변화하고 있다.

블록체인 플랫폼 기반의 가상화폐라는 거창한 수식어를 달고 불법 가상화폐 다단계 판매가 전국적으로 확산되고 있다. '블록체인 플랫폼'이 대단한 단어 같지만 그 뜻을 풀어보면 단순한 영어의 한 단어이다. 전산시스템 기반에 암호화된 하나의 블록을 연결하는 것을 블록체인이라 하고 정보를 가공하기 위해 접근하는 곳을 플랫폼이라 한다.

2008년 9월 15일, 자본의 탐욕이 만들어낸 투기 버블이 터지던 날, 세계 4대 투자은행 가운데 두 개가 침몰해 세계를 경악과 공포 속으로 몰아 넣었다. 리먼 브라더스가 파산 신청을 냈으며 메릴린치가 뱅크오브아메리카에 팔린 날이다. 이를 기점으로 예금주들이 은행을 못 믿고, 은행이 은행을 못 믿는 신용위기의 공포가 세상을 덮치며 전 세계가 글로벌 금융위기 속으로 빠져들어 갔다. 그로부터 3개월 여 뒤인 2009년 1월 3일 비트코인이 탄생했다.

실체가 없는 가상화폐, 디지털자산 가상화폐, 비트코인은 미래가치가 있느냐 혹은 없느냐라는 논란은 동전의 양면과 같다. 정말 돈 많은 사람은 다단계 가상화폐 투자사업을 하지 않는다. 우리 사회는 참으로 다양한 집합체들로 엮여져 톱니바퀴처럼 쉴 새 없이 돌아간다.

합법적인 허가를 받고 불법적인 영업을 하고 있는 불법다단계는 합법을 가장한 불법 행위이다. 수많은 선량한 사람들이 다단계의 늪에 빠져 가사를 탕진하는 경우를 우리 주변에서 흔히 볼 수 있다. 불법 다단계는 여기서 끝나지 않는다. 듣지도 보지도 못한 이상한 이름의 코인사업으로 전환되어 일명 폰지사기로 이어지고 있다.

정년퇴직자가 불법 다단계에 빠져 들어가는 과정을 한 예로 들어본다. 인생 후반에 명예롭게 퇴직한 퇴직자들은 처음 2~3개월 동안은 퇴직으로 인한 꿈 같은 휴식시간을 보낸다. 대한민국 직장인 대다수가 60대 초반이 되면 수십 년 동안 젊음과 청춘을 바쳐 일한 직장에서 또는 수십 년 몸담았던 공직에서 명예퇴직을 하거나 정년퇴직을 하게 되는 시점을 맞이하게 된다. 그리고 수십 년간의 공로에 대한 퇴직금을 일시금 또는 연금으로 받을 수 있다. 그러나 공직이 아닌 일반 사기업의 경우 대다수 퇴직금을 일시금으로 받게 되는 경우가 많다.

수십 년 정든 직장을 그만두고 퇴직으로 인한 꿈 같은 휴식시간을 보낸다. 가정에서 휴식을 갖거나 제2의 삶을 준비하게 된다. 이때 대다수 사람들은 처음에는 집에서 시간을 보내거나 주변 지인들을 찾아 인사를 하게 되고 그동안 못했던 여행을 포함하여 부부는 새로운 제2의 삶을 사는 것 같은 시간을 함께 보내게 된다.

처음에는 국내 여행 그리고 해외여행까지 다양한 시간을 부부가 함께 보내게 되는데 이때쯤이면 대다수 퇴직자들은 손자 또는 외손자를 보게 되는 시기와도 겹쳐진다. 처음 직장을 퇴직하고 집에 있을 때는 손자들의 재롱에 빠지기도 한다.

그리고 몇 개월이 지나 외손자, 손자 등은 어린이집에 가게 되고 퇴직한 남편은 갈 곳을 찾지 못하고 TV 리모컨을 잡고 소파와 함께 붙어 지내는 시간이 차츰차츰 늘어나게 된다. 이런 광경을 수개월 지켜보던 아내는 조금씩 조바심을 갖게 되고 거실에서 소파와 리모컨과 함께 지내는 남편이 어느 날 갑자기 지겹게 느껴지는 시간을 맞이하게 된다.

이때 대다수 아내들은 남편에게 몇 가지 질문을 던지게 된다. 당신 요즘은 어디 갈 데가 없어? 누구 아빠는 뭘 하고 있어? 등등의 질문을 던지고 또 시간이 좀 더 지나면 누구 아빠는 어디에 투자를 해서 얼마를 벌었다. 이런 말을 하게 되고 아내의 이러한 이야기를 몇 차례 듣고 나면 남편은 차츰차츰 의기소침하게 되고 마음이 초조해진다.

남편은 아내가 했던 말을 되새겨 본다. 누구 아빠는 어디에 무엇을 투자하여 얼마를 벌었다고 하면 그 말에 남편은 귀가 솔깃해질 수밖에 없다. 아내는 남편이 소파와 리모컨을 잡고 뒹구는 것을 보면서 핀잔을 주거나 또는 직접 사회생활을 준비하게 되는데 경력이 단절된 아내는 사회의 다양하고 복잡한 구조를 잘 이해하지 못하여 쉽게 돈 버는 유혹에 빠져들게 될 수 있다.

누구나 돈을 버는 일을 좋아하지만 돈 버는 일이 그리 쉬운 일인가? 그렇게 쉬운 일이었다면 남편이 왜 30년 이상 직장에서 받은 돈으로 평생을 잘 먹고 잘살지 못하겠는가? 돈 버는 일은 그리 쉬운 일이 절대 아니다. 그런데 이웃이나 친구들이 매월 정기적으로 수백 수천만 원씩 고정적으로 돈을 벌고 있다는 말에 솔깃해진다. 그런 유혹에 퇴직한 남편과 아내는 쉽게 넘어갈 수밖에 없다. 이렇게 검증되지 않은 금융 다단계 또는 금융 네트워크 마케팅이라는 그럴싸한 말에 현혹되어 빠지게 된다.

불법다단계 사업이 이제는 불법 코인사업으로까지 발전하고 있다. 단돈 1달러짜리 비트코인이 최근 5,000만 원까지 올라가는 현상들이 우리 눈앞에서 벌어지고 있는 것을 보고 마음이 조급해진 아내와 남편은 그만 불법 다단계 코인사업에 돈을 투자하면서 폰지 사기를 당하게 된다.

찰스 폰지(Charles Ponzi 1882~1949)는 이탈리아 태생으로 희대의 사기 판매방식을 고안하여 많은 사람들을 절망에 빠뜨린 사람이다. 그의 이름을 따서 일명 '폰지 사기'라고 하는 것인데, 돌려막기 식으로 계속 투자자를 모집하여 회원을 확대하다가 어느 순간 빼돌린 투자금을 들고 잠적하는 사기이다. 내가 낸 돈을 일부 돌려받는 것인데 그 사실을 모르고 수개월 동안 주기적으로 일정 금액이 잘 들어오는 것에 매료되어 주변의 친지, 친구들을 끌어들이게 된다.

찰스 폰지 사기 수법에서 우리가 얻는 교훈은 재산을 한 방에 늘리거나, 소득이 갑자기 많아지거나, 다수의 사람들을 끌어모아 쉽게, 아주 쉽게 돈을 벌 수 있다면 그것은 분명 부당한 이득일 것이고, 부당한 이득이 생기는 것은 반드시 누군가가 부당한 손해를 보기 때문에 가능한 일이라는 사실이다.

대한민국 아내들 청춘 바쳐 일한 남편을 내몰지 마라. 나에게 주어진 조건에 맞게 주어진 삶과 생활을 열심히 하다 보면 그곳에서 기쁨을 찾을 수 있지 않을까.

저자들은 이 책을 읽는 분들이 인생 말년에 불법 다단계에 빠져 재산을 탕진하지 않도록 하는 데 조금이라도 도움이 되길 바라는 마음에서 이 책을 발간하게 되었다. 더불어 우리 사회가 건전하게 발전하기 위해서는 일확천금의 꿈이 아닌, 주어진 삶에 최선을 다하는 건강한 마음자세도 매우 중요하다고 생각하면서 이 책을 집필하게 되었다.

불법 다단계와 불법 코인은 절대 빈곤이 아닌 상대적 빈곤감에서 비롯되는 우리 사회의 책임 또한 한몫을 하지는 않았나 생각해 볼 일이다.

저자 **박대겸**

정수기 하면 바로 생각나는 것은 아는 선배가 직장으로 찾아와서 한 대 팔아 달라고 부탁했던 물건이었다는 것, 희뿌연 수돗물이 정수기로 거르면 맑아진다는 것, 앞으로는 모두 정수기 물만 마시게 될 것이라는 설명을 들었던 것 등이다. 당시 워낙 고가라서 구입해 주지는 못했었다. 그리고 그 당시 여건에서는 적극적인 동기가 없었기 때문이기도 하다. 수돗물도 제대로 못 마시던 서울시민들이 있었고, 수돗물은 안전하며 혹 불안하면 끓여 마시면 된다는 수도 당국의 적극적인 홍보도 있었다. 그래도 불안하면 볶은 보리를 넣어 끓여 마시면 유해 물질이 보리에 수렴되어 건강한 물이 된다는 꿀팁을 언론에서 알려 주고도 있었다.

그러나 정수기가 가정 필수품처럼 되었고, 대부분의 사람

들이 정수기 물만 마시거나 판매되는 생수를 마시는 오늘에
서 그 당시를 돌이켜 보면 당시 정수기 판매회사들의 주장이
나 네트워크 판매원이었던 선배의 주장이 선견지명이었다는
생각이 들기도 한다. 신제품이었고, 새로운 수요를 개척해야
하는 정수기 회사로서는 관계 마케팅, 바이럴 마케팅인 네트
워크 마케팅이 불가피한, 아니 탁월한 선택이었을 것이다.

당시 정수기 네트워크 마케팅만 있었던 것은 아니다. 다단
계 판매, 피라미드 판매, 네트워크 판매는 사실 관계를 이용
하여 판매한다는 같은 개념의 판매인데 사기 판매이냐 정상
판매이냐의 차이만 있을 뿐이다. 사기 판매의 전형인 피라미
드 사기, 다단계 판매 사기의 공통점은 매출의 수익이 발생
하든 아니든 후임 회원의 가입비로 선임 회원의 수당을 지급
하는 구조이며, 후임 회원 즉 하위 회원의 수가 늘어나면 최
상위 로열 회원들인 초기 창립멤버들에게 엄청난 수익이 집
중되는 피라미드 구조의 수익구조라는 것이다.

이탈리아 태생으로 21세에 미국 땅을 밟은 이민 1세 찰스
폰지(Charles Ponzi 1882~1949)가 사용했던 '돌려 막기' 사기 수법을
이용한 피라미드 판매 – 다단계 판매 – 네트워크 마케팅 사기

판매들이다.

정수기 다단계 판매-네트워크 판매 시작 단계에서부터 아니 그 이전부터 오늘까지 우리 사회에서는 수많은 다단계 사기 판매사례와 피해사례들이 목격되어 왔다. 정수기 네트워크 판매 경우에도 실제 판매원들의 성공, 실패 사례들을 들어 보면 하나같이 공통적으로 토로하는 애로사항들은 지인들을 어떻게 무리 없이 잘 설득하느냐는 것이었다. 네트워크 마케팅의 어려움 중의 하나일 것이다.

그리고 정수기 판매와 다단계 판매 사기와의 차이점, 정수기라는 좋은 품질의 신제품의 판매라는 수익구조와 법정 수당 35%만을 지급하는 합리적인 수익구조가 있느냐 없느냐의 차이점을 잘 기억해 볼 필요가 있다.

최근 코인을 매개로 하는 다단계 판매 사기가 급증하고 있다. 코인은 1990년 초, 정부나 중앙기관으로부터 개인의 프라이버시를 지키려는 '사이버펑크 운동'에 가담했던 암호학자들 중의 하나인 사토시 나카모토에 의해 최초로 개발된 비트코인에서 시작된다. 2008년 9월 15일 투기버블이 터져 발생한 금융위기 3개월 후인 2009년 1월 3일 최초로 비트코인이 탄생하였다. 코인은 가상화폐의 성격을 가지고 있으나 가상화폐는 아니다. 중앙정부의 지급보증이 없기 때문이다. 디지털 화폐의 성격도 가지고 있지만 역시 디지털 화폐도 아니다. 중앙정부의 지급보증이 없기 때문이다. 가상화폐나 디지털 화폐의 성격을 가지고 있다는 것은 코인이 일정 수준의 화폐적 교환 기능을 가지고 있기 때문이다. 세계 각국 정부는 코인을 권장하지도, 그렇다고 강하게 통제하지도 않는 실정이다. 중앙정부가 가진 화폐의 발행과 유통 기능이 일정 수준 대척점에 있기 때문이다.

수많은 코인이 개발되었고, 심지어는 국내에서 개발된 코인들도 상당수 있다. 코인의 생명은 블록체인 기술-암호화폐 기술로 철저한 보안이 유지되느냐 여부이다. 국내 유통되고 있는 코인들이 이 조건에 맞는지가 불분명한 것 또한 현실이다. 게다가 코인에 폰지 사기 수법까지 결합된 코인 사기가 기승을 부리고 있다. 보안성이 검증된 비트코인 등의 투자마저도 코인 지식이 없는 일반인이 투자하기에 버거운데, 하물며 검증이 되지 않은 코인, 다단계 판매 코인에 투자하는 것은 엄청난 위험이다.

저자는 네트웍마케팅 건전화 시민연대의 제안을 받고 네트워크 마케팅, 다단계 판매, 피라미드 판매에 대한 광범위한 관련 자료와 피해 사례들을 수집하고 정리하여 보았다. 인터넷과 발간 서적, 월간지 등을 참고하며 관련 내용들을 발췌하고 신문기사들을 스크랩하여 정리하였다. 독자들이 네트워크 마케팅, 다단계 판매, 피라미드 판매에 대하여 올바른 개념을 정립하고, 또한 코인에 대한 기본 지식을 쌓아서 아무쪼록 불법 다단계 판매나, 코인 사기에 휩쓸리지 않기를 바라는 간절한 소망에서 시작한 일이다.

저자 **신경식**

서문 3

필자는 오랜 금융기관(은행 증권회사) 실무 경험으로 은행의 안정성과 믿음, 그리고 성실성을 생활화하며 열심히 살아왔다. 현재 교수 및 대학 보직생활에도 나름대로 소신 있게 열심히 해왔다고 자부한다. 그리고 많은 강의(주로 재테크)와 경험을 통해 일반 사람들이 돈을 굴려서 목돈을 만드는 방법도 알고 있다.

사전에서는 '재테크'에 대하여 보유자금을 효율적으로 운용하여 높은 이익을 얻는 기법이라고 정의하고 있다. 또 국어사전에는 '재테크'를 재무 테크놀로지(financial technology)의 준말이라고 정의한다. 사전적 의미는 보유자금을 운용한다는 점에서 종잣돈을 만들어가는 기술 즉, 초기 자금을 관리하고 돈을 벌도록 만드는 영역에 해당하고, 높은 이익을 목표로 하기 때문에 저축과 같은 낮은 이익과는 거리가 있다고 볼 수 있다. 즉, 요즘 은행의 정기예금에 넣어서 돈을 불리는 것은 마이너스 금리시대의 재테크로는 효율적인 방법이 아닌 것이다. 그래서 이러한 제도적 모순 때문에 신종 피라미드와 수많은 코인이 활개치고 있다.

본인 같은 전문가도 당할 수 있다. 우선 친구나 지인으로부터 코인 재테크에 대하여 설명을 듣고, 자기가 매주 통장으로 입금되는 금액을 보여준다든지, 핸드폰에 코인에 대한 이자가 계속 쌓이는 것을 보여주고 믿음을 얻으려고 한다. 친구나 지인의 끈질긴 설득 끝에 코인에 돈을 처음 조금 넣으니 이자가 잘 나오고, 그래서 여윳돈을 많이 넣게 되는데 이제 일정 기간이 되면 핸드폰의 코인 관련 앱이 다운되고, 지인이나 친구한테 연락이 되지 않는다. 카톡 단톡방에 피해본 사람들이 형사고발 등 피해에 대한 보상을 어떻게 받을 수 있는지 의논하는 모습을 자주 볼 수 있다.

방금 설명한 것이 코인 피해의 비슷한 사례이다. 모든 분들이 당할 수 있는 그런 사례이다. 코인의 종류가 얼마나 다양하고 많은지 자세히 들여다보면 알 수 있다. 생겼다 없어지고 새로 생기는 것을 반복한다. 우리가 부동산이나 주식 투자보다 옥석을 가리기가 훨씬 더 어렵다고 볼 수 있다.

필자의 오랜 경험으로 보면 돈은 절대 금방 벌어지는 것은 아니다. 설사 금방 들어오는 돈이 있더라도 금방 나가기 마련이다. 필자도 올해 주식으로 억 단위를 벌어 몇 달 뒤 억 단위로 손해를 보았다. 그래서 부자 되는 방법 즉, 큰 돈을 만드는 요령은 적은 돈과 긴 시간이 적절히 조합되고 많은 시간을 투자해야 목돈이 된다. 부동산에 투자를 했을 경우 2000년도 초에 투자했다면 보통 잘 투자했을 경우 20배 정도 수익을 냈을 것이다. 이것은 물건을 잘 골라서 한 20년 정도 시간과 싸움을 했다고 본다. 그렇다고 투자한 물건만 보고 있는 투자자나 전업 투자자는 재테크에 도움이 안 된다. 자기 직장에 열심히 일하고 있다 보면 어느새 세월이 큰 돈을 만들어준다. 이것이 본인의 오랜 경험에서 얻은 재테크의 지식이며, 릭 에덜먼의 『부자의 길』에서 자세히 설명한다.

그래서 부자 되는 공식이 있는 것이다. 첫째, 부자 되는 공식은 열심히 자기 직업에 만족하며 일하고, 저축하고, 투자하는 리사이클인 것이다. 둘째, 계속 인맥을 쌓으며 정보를 공유하고 셋째, 덜 소비하지 말고 더 많이 벌어들이는 것이다. 그리고 옛날 대학에서 배운 것은 오래전 학문이므로 다시 대학과 연계해서 새로운 경영 기법을 배우거나 좋은 정보를 공유하여 건전한 재무 생활을 영위하기를 바란다.

저자 **황우상**

목차

머니게임과 가상자산

1장 머니게임에 참여하여 승자가 되자

2장 가상자산의 위험 요인과 제도화 현황

1부

우리를
혼란스럽게
하는 것들

'아주 좋은 사업이 있는데 한번 해 보라'는 제안을 받아 본 적이 있는가? 자본도 사무실도 필요하지 않고, 열정과 노력으로 크게 성공할 수 있다며 세미나에 초청하는 지인의 제안을 한 번이라도 받아 본 적이 있다면 여러분은 피라미드 또는 다단계 또는 네트워크(관계) 마케팅의 언저리에 닿아 본 적이 있는 것이다.

피라미드, 다단계 판매 사기로 수억 원에서 수천억 원까지 사기행각을 벌여 수천 명의 피해자가 생겼다는 기사를 여러분들은 종종 보아왔을 것이다. 그런 피해 사례들을 익히 들어 알고 있기에 지인들의 세미나 초청에 강한 거부감을 표시하였을 것이다. 이때 지인들은 하나같이 피라미드나 불법 다단계 판매가 아니고 네트워크 마케팅 사업이며 미래 산업이라는 말을 하는 것 또한 들어 보았을 것이다. 불법 다단계가 아니고 네트워크 마케팅이라며 세미나에 참석해 보면 알 수 있을 것이라며, 미래가 창창한 사업이라고 자신 있게 말할 수 있다고, 상속까지도 가능한 미래 사업이며, 안정적인 노후가 보장되는 사업이라고 극구 칭송하는 지인을 만나본 경험도 있을 것이다.

네트워크(Net-work)는 우리말로 하면 '관계', 마케팅(Marketing)은 '판매' 정도로 번역할 수 있으므로 네트워크 마케팅은 '관계 판매'로 번역할 수 있겠다. 의역하여 '상품을 (사람과 사람 사이의) 관계를 이용하여 판매하는 방식' 정도로 정의할 수 있다.

네트워크 마케팅(판매), 피라미드 판매, 다단계 판매

옥스포드 영어사전에서는 네트워크 마케팅(network marketing)을 피라미드 판매의 다른 용어(another term for pyramid selling)라고 규정하고 있다. 또 다른 영어사전인 캠브리지 영어사전에서는 네트워크 마케팅을 다단계 마케팅(multi-level marketing)이라고 정의하고 있다. 결국 네트워크 판매와 피라미드 판매와 다단계 판매는 같은 용어이며 사람과 사람 사이의 관계를 이용하여 판매한다는 점에서도 동일하다.

그런데 우리는 피라미드 판매는 불법적인 다단계 판매라고 알고 있다. 전국을 떠들썩하게 했던 주 모 씨 등의 피라미드 사기 사건을 알고 있기 때문이다. 그러나 피라미드 사기와 피라미드 판매는 다르다. 피라미드 판매는 네트워크 마케팅, 다단계 마케팅의 또 다른 용어로 합법적인 것이다.

그러나 피라미드 사기는 이윤의 창출이 없이 신규 회원을 모집하는 방식으로만 운영된다는 점에서 불법적인 사기행위로 볼 수 있으며, 피라미드 판매 – 다단계 판매 – 네트워크 판매와 같은 합법적인 판매 방식이 아니라는 사실을 기억해야 한다.

피라미드 사기

　특별한 이윤 창출의 수단 없이 계속해서 신규 회원을 모집하는 방식으로만 이윤을 창출하는 사업 방식을 취하는 형태의 영업을 피라미드 사기(pyramid scheme) 또는 다단계 사기(多段階詐欺)라고 할 수 있다. 이러한 사업 방식은 현실적으로 지속이 불가능한 사업 방식으로 미국, 영국, 프랑스, 독일, 캐나다, 일본 등 다수 국가에서 법으로 금지되어 있으며 대한민국에서도 방문 판매법을 통해 피라미드 사기 판매는 법적으로 금지하고 있고, 이윤창출이 가능한 다단계 판매만을 허용하고 있다.

　피라미드 사기 수법은 처음에 그럴듯한 사업수단을 내세우고 접근하기 때문에 보통 다단계 판매 수법으로 이해하여

호의적으로 대하는 사람들이 매우 많다. 그러나 피라미드 사기 수법은 대부분 가입비가 있다. 최초로 회원에 가입하는 갑은 최초 가입비를 내고 회원이 된다. 갑이 최초 가입비를 내고 회원이 되면 갑은 수익을 올리기 위해 새로운 을과 병을 회원으로 가입시킨다. 이때 을과 병 역시 최초에 가입비를 낸다. 갑은 을과 병이 낸 가입비의 일부를 수익으로 받을 수 있으며, 또한 을과 병이 올리는 매출의 일부를 수익으로 갖게 된다. 을과 병 역시 갑과 똑같이 별도 신규 회원을 모집하고 수익을 올려야 수익이 발생하며, 갑은 을과 병의 몫에서도 일정부분의 수익을 받을 수 있다. 갑은 다단계가 확장되면서 기하급수적으로 많은 소득을 올릴 수 있게 된다.

이런 사업의 경우 실제 이윤을 창출하는 사업은 대부분 이루어지지 않으며, 현금 수입은 '사람 장사'인 회원의 가입비로 주로 발생하고, 실제 수익금의 지급 역시 현금 대신 다른 수단으로 지급되는데 최근에는 검증되지 않는, 심지어는 일정 기간 현금화되지 않는 코인으로 지급하는 경우의 사례도 매우 많다. 대부분의 피라미드 사기의 경우 신뢰성을 높이기 위해 검증되지 않은 성공사례('마이크로소프트의 빌 게이츠가 다단계 판매로 성공하였다.' 등)를 이용해 사람들을 현혹하기도 한다.

피라미드 사기의 치명적인 특성은 조직의 하부에 있는 사람에게는 아무런 이득이 발생하지 않으며, 모든 소득이 조직의 상부로 집중된다는 점이다. 다단계의 최정점에 있는 사람을 속칭 '파라오'라고 호칭하는 이유도 모든 소득이 이 파라오와 그 주변의 극소수에게 집중되기 때문이며 조직의 하부로 갈수록 소득은 급속히 줄어들고 새로운 가입자를 모집하지 못한 하부사람은 큰 피해를 입게 된다.

다단계 판매인지 피라미드 사기인지를 구분할 수 있는 기준은 물건 판매와 같이 '실제 이윤을 창출할 수 있는 사업수단이 있는지 없는지'이다. 국내의 경우 방문판매법에 이를 구분할 수 있는 규정을 정하고 있으며, 피라미드 사기행위는 법적으로 금지하고 있다. 그러나 많은 다단계 판매가 '합법'과 '불법'의 경계에 있다는 논란의 여지가 많은 것 또한 사실이다. 이를 좀 더 명확히 하기 위하여 2002년에 방문판매 등에 관한 법률이 개정되었는데 개정된 법률에는 다단계 판매 법인의 자본금 요건을 강화하고, 소비자 피해보상 보험제도를 도입한 것 등이 포함되었다. 즉, 다단계 판매 회사의 자본금 요건을 5억 원 이상으로 법제화 규정하고, 소비자 피해보상보험에 가입하여 가입자의 법정 청약철회 요청 시 다단계 판매 회사가 청약철회를 받아들이지 않는 경우의 피해 보상이 가능하도록 법제화한 것이다. 다단계 판매 회사의 불법 여부를 쉽게 알아보는 방법으로는 직접 판매공제조합의 소비자 피해보상보험 가입 여부를 확인하는 것이다.

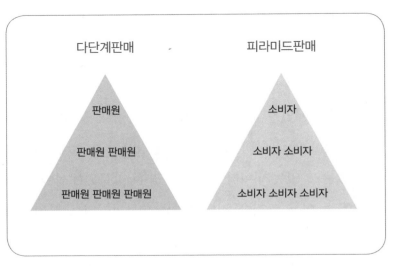

다단계 판매와 피라미드식 판매의 비교표. antiamway.blogspot.com

2부

불법 다단계란 무엇인가?

1장

다단계판매의
올바른 이해와
불법 다단계의 특징

다단계판매(네트워크마케팅)에 대한 올바른 이해

다단계 판매는 영미권에서는 네트워크 마케팅(network marketing), 멀티 레벨 마케팅(multi-level marketing: MLM)이라고 호칭하며, 일본에서는 연쇄판매거래(連鎖販売取引), 멀티 상법(マルチ商法), 네토왁크 비즈니스(ネットワークビジネス)라고 호칭하고 있다.

네트워크 마케팅을 옥스포드 영어사전에서는 'network marketing(네트워크 마케팅) = another term for pyramid selling(피라미드 판매의 다른 용어)'이라고 네트워크 마케팅과 피라미드 판매가 같은 의미임을 사전상으로 명확히 규정하고 있다. 그리고 캠브리지 영어사전에서는 'network marketing → multi-level marketing(네트워크, 멀티레벨 마케팅)'이라고 네트워크 마케팅과 다단계 판매(멀티 레벨 마케팅)가 같은 의미임을 규정하고 있다. 결국 통상적으로 판매원들이 사용하는 네트워크 마케팅의 용어는 사전적 의미로, 다단계 판매와 피라미드 판매와 어느 정도 같은 의미임을 확인할 수 있다. 다만 우리나라는 통상 피라미드=불법 다단계 판매라고 인식하고 호칭하고 있다.

다단계 판매는 통상 투 레그 방식으로 하부회원을 모집하고, 수당을 분배하는데 이를 조금 변경하여 쓰리 레그, 바이너리 등의 방식을 사용하는 경우도 있으며, 악랄한 경우에는 하위 레그 2개 중 1개가 목표를 채우지 못하면 전체 수당이 0으로 되어버리는 시스템도 있다.

회원이 새로운 소비자를 자신의 후원판매원으로 가입시켜 등록시키고, 그 판매원이 자신의 밑으로 또 다른 소비자를 후원판매원으로 가입시켜 등록시키는 조직형태로 이들 회원에서 발생하는 매출을 계산하여 회사가 회원들에게 보너스를 지급하며, 회원들은 이 보너스를 소득으로 하여 추가 회원을 모집하는 사업을 계속하는 형태이다. 처음에는 그 어느 누구도 엄청난 수익은커녕 조그마한 수익도 낼 수가 없으나 하위 회원 수가 증가하고, 이들이 매출을 발생시키면 수익이 발생하며 증가하는 형태이다. 만약 시작부터 어마어마한 수익을 올릴 수 있다고 설명하는 경우 십중팔구 사기라고 생각하면 된다.

다단계 회사의 제품을 소비한 소비자가 회원이 되고, 사업자가 되어 다른 회원을 가입시켜 제품을 판매하고, 다른 소비자 회원이 사업자가 되어 다시 회원을 가입시켜 제품을 판매하는 형식으로 하위에 소비자 및 사업자 회원을 유치하여 진행하는 형식의 판매이다. 제품의 거래는 회원과 회사 사이에 중간 단계(도매상. 소매상)가 없이 이루어지며, 최종 소비자는 회원으로부터 제품을 받는다. 즉 회사 – 회원들(또는 최종소비자) – 최종소비자 세 단계의 단순해 보이는 유통구조로 통상의 유통마진을 줄여서 수당을 지급한다는 논리이나 실제로는 그 중간에 엄청난 수의 회원들이 끼어있는 유통 구조로 제품이 움직이기에 유통마진이 절감되지는 않는 구조이다. 자가 소비를 하면 수당이 들어온다는 논리로 사업자로 등록시키는 행위도 왕왕 벌어진다. 물론 내부 윤리강령 및 방문판매 등에 관한 법률 제24조 6항에 위반되는 행위이다.

회원 직접 판매와 방문판매는 방문판매 등에 대한 법률에 의해 규제를 받고 있다. 또 다단계 회사들이 출자해 세운 직접 판매 공제조합과 한국 특수판매 공제조합은 소비자 피해 발생 시 보상을 돕는다. 하지만 두 조합에 가입했다고 해서 모두 건전한 사업을 하는 회사라고 보는 것은 어려우니 회계 법인 혹은 신용평가사에서 매긴 신용평가 등급을 검색하여 보고 건전한 다단계 회사인지 확인한 후 거래를 할 필요가 있다.

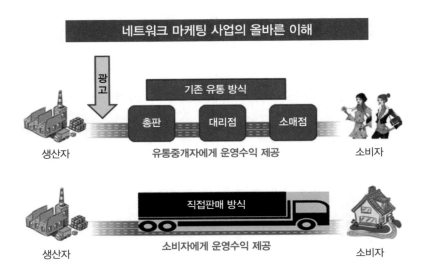

다단계 판매(네트워크마케팅)의 올바른 이해

다단계판매의 형태

다단계 판매의 가장 기본적인 방식은 A업체에서 생산한 제품을 B라는 사람이 구입한 후 마음에 들어서 C에게 추천을 하고 이에 C가 A판매회사 회원이 되어 직접 A회사와 직거래하면 A는 B에게 제품 판매 이익의 일부를 수당의 형태로 제공한다. 라는 개념으로 운영되는 판매형태이다.

A→B, B→C, C→D, D→A 형태로 판매자와 소비자가 뚜렷이 구별되지 않은 형태의 판매구조이며, 구전광고를 활용하는 유통구조로 회사 입장에서는 영업부서와 영업직 사원의 역할을 소비자가 담당함으로써 영업비용을 절감할 수 있다는 장점이 있다. 또한 구전광고로 광고효과를 극대화할 수 있어 광고비용을 대폭 절감할 수 있다. 이 절감된 영업비용과 광고비를 회원수당으로 지급하는 마케팅 구조이다.

회원 모집 방식에는 각각의 수당 지급플랜을 가지고 있는 모집방식이 있는데 브레이크 어웨이, 유니레벨, 바이너리, 6-4-2, 1-1-2 등 다양하다. 마치 엄청난 수익을 보장하는 수당 지급플랜이 있는 것처럼 설명하지만 따지고 보면 전부 말장난인 경우가 대부분이고, 핵심적인 사항은 회원이 하부에 회원을 추가로 모집하여 수익+하부회원의 수익으로 포인트를 쌓은 후 그 포인트를 돈으로 바꾸는 방식이다.

업체마다 차이가 크지만, 물건 판매 시에는 3가지의 숫자가 등장한다. 회원구매가, BV, PV이다. 회원구매가는 회원(이자 개인사업자로 등록된 판매원)들이 물건을 사는 가격이고, PV(Point Value)는 수당이 계산되는 점수. 그리고 BV(Business Value)는 다음 직급으로 넘어가기 위한 포인트를 말한다. 즉 회원구매가로 물건을 구매하면, 그 물건에 해당하는 PV와 BV가 적립되고, PV와 BV가 얼마나 적립되었느냐에 따라 PV로 계산되는 수당의 적용률이 다르다. BV나 PV는 최솟값이 존재하기 때문에 매달 일정 이상의 포인트를 쌓지 못하면 수익이 발생하지 않거나 등급이 유지되지 않는다.

회원구매가가 동일한 상품인 경우에도 각 상품마다 PV와

BV의 값이 다르다. 원가가 적거나 프로모션이 진행 중인 상품은 높은 PV와 BV를 적용하고, 원가가 높거나 구색 맞추기로 들여놓은 상품은 낮게 책정하거나 0으로 책정하여 적용한다. PV에는 수당 계산을 위한 최솟값이 있으며, 따라서 최솟값 이상 PV를 적립하지 못하면 수당 자체를 받을 수 없고, 수당을 받지 못한 PV는 이월되지도 않는다. 물론 하부회원이 상품을 구매하면 상위회원에게도 PV와 BV가 적립된다. 하부회원을 많이 모집하여야 하는 이유이다. 심지어는 직급을 올리기 위해서 BV와 함께 하부회원을 얼마까지 모집해야 한다는 필수 조건까지 있다. 이런 포인트를 쌓기 위한 치열한 경쟁이 온갖 사건·사고를 발생시키는 근본적인 이유이다.

방문판매 등에 관한 법률에서 정하는 다단계 판매 관련 용어의 뜻은 다음과 같다.

'방문판매'란 재화 또는 용역의 판매를 업(業)으로 하는 판매업자가 방문을 하는 방법으로 그의 영업소, 대리점, 그 밖에 총리령으로 정하는 영업장소 외의 장소에서 소비자에게 권유하여 계약의 청약을 받거나 계약을 체결하여 재화 또는 용역을 판매하는 것을 말한다.

'방문판매자'란 방문판매를 업으로 하기 위하여 방문판매 조직을 개설하거나 관리·운영하는 자(방문판매업자)와 방문판매 업자를 대신하여 방문판매업무를 수행하는 '방문판매원'을 말한다.

'전화권유판매'란 전화를 이용하여 소비자에게 권유를 하거나 전화 회신을 유도하는 방법으로 재화 등을 판매하는 것을 말한다.

'전화권유판매자'란 전화권유판매를 업으로 하기 위하여 전화권유판매조직을 개설하거나 관리·운영하는 자(전화권유판매업자)와 전화권유판매업자를 대신하여 전화권유판매업무를 수행하는 '전화권유판매원'을 말한다.

'다단계 판매'란 다음 요건을 모두 충족하는 다단계판매조직을 통하여 재화 등을 판매하는 것을 말한다.

1) 판매업자에 속한 판매원이 특정인을 해당 판매원의 하위 판매원으로 가입하도록 권유하는 모집방식이 있을 것
2) 판매원의 가입이 3단계 이상 단계적으로 이루어질 것. 다만, 판

매원의 단계가 2단계 이하라고 하더라도 사실상 3단계 이상으로 관리·운영되는 경우도 포함한다.

3) 판매업자가 판매원에게 후원수당을 지급하는 방식을 가지고 있을 것

위의 방문판매법에서 확인할 수 있는 사항은 1단계 판매원은 2단계나 3단계 이상의 판매원들과 다르게, 상위 스폰서 번호 없이 가입하게 된다. 최초 다단계 판매 회사가 만들어지고, 최초로 선정되는 판매원이 다름 아닌 1단계 판매원이고, 그 하위에서 발생하는 모든 수익은 바로, 그 1단계 판매원에게 종속되는 결과를 가지고 온다. 그래서 피라미드는 절대 하위에서 시작하여 상위로 올라갈 수 있는 구조가 아닌, 시작부터 위에서 시작한 사람만이 성공할 수 있는 구조이다.

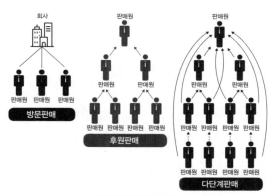

다단계판매의 형태

찰스 폰지의
금융사기

　외환위기(IMF사태) 당시 천리안, 하이텔 등 초기 인터넷에 유행하였던 신종 사기가 있었다. 행운의 편지와 다단계 판매를 합친 신종 사기였는데 미국에서 1980년대 말과 1990년대 초 반짝하고 사라졌던 사기 편지 수법과 다단계 판매가 결합된 신종 사기였다. '행운의 편지 보내기에 가입하면 단돈 6달러만 투자하여 3개월 뒤 80만 달러를 벌 수 있습니다.'라는 행운의 사기 편지였다. 사기꾼 폰지 수법이 가미되어 유행하였던 미국의 사기 편지가 IMF사태의 한국에 출현했던 것이었다.

　찰스 폰지(Charles Ponzi 1882~1949)는 이탈리아 태생으로 21세에 미국 땅을 밟은 이민 1세대로서 미국 도착 당시 수중에 2달러 50센트밖에 없었지만 백만 달러 부자가 될 수 있다는 야심찬 꿈을 가지고 있었다. 이 피라미드식 다단계 판매 사기의 원조는 미국행 여객선 선상에서 도박으로 돈을 모두 날리고도 부자가 되는 꿈을 평생 버리지 않았다고 회상하고 있다. 이후 그는 열심히 일하여 부자가 되는 길이 아닌 희대의 사기 판매 방식을 고안하여 많은 사람들을 절망에 빠뜨리고 말았다.

식당과 은행에서 일하는 동안에도 도벽과 낭비벽은 사라지지 않았으며, 늘 말썽을 일으켰고 끝내는 은행에 근무하는 동안 은행장 가계수표를 훔쳐 써 1910년 감옥에 갇히는 신세가 되었다. 감옥 안에서도 그의 허세는 여전했는데 고향의 친척들에게는 '교도소장의 특별보좌역으로 채용됐다'는 거짓 편지를 보내기도 했다. 첫 번째 감옥에서 풀려난 뒤 밀수단에 가입하였다가 두 번째로 수감되는데 이때 특별한 동료 두 명을 감옥에서 만나게 된다.

한 명은 어거스터스 하인즈로 마피아 출신 조폭이었으며, 또 한 명은 구리 가격 조작 등 투기로 1927년 미국 공황을 일으켰던 찰스 모스였다. 돈을 벌기 위해서라면 폭력과 사기 등 수단과 방법을 가리지 않았던 경력을 가진 세 사람은 교도소에서 만나 서로 의기투합하여 각별한 친분을 쌓았으며 서로에게 많은 영향을 미쳤다. 사기로 모은 돈이 많았던 찰스 모스가 꾀병으로 병보석을 얻어 출감하는 것을 보고 폰지는 '굴리는 돈이 크면 클수록, 사고 금액이 많으면 많을수록 처벌받지 않는다.'는 교훈을 얻었다.

폰지는 출감 후 이런저런 사업을 벌였으나 모두 망했다. 그러던 중 1919년부터 환차익을 이용한 우표 매매로 큰돈을 벌기 시작했다. 경제 호황이던 미국의 달러화 강세로 환율이 급변했지만 각국의 우표는 세계 제1차 대전 이전의 환율로 교환된다는 점에 착안하고 이를 이용하여 400%의 수익을 올리기 시작했다. 이에 자신이 생긴 폰지는 "45일간 돈을 맡기면 50%의 수익을 보장"한다는 광고를 하고 투자자를 모았다. 이 모집금액은 1920년 2월 5,000달러에서 동년 6월에는 4억 5,000만 달러로 기하급수적으로 불어났다. 요즘 화폐가치로 299억 달러에 해당되니 엄청난 금액이라 할 수 있다.

이 투자 금액에 수익을 보장하기 위해서는 최소한 1억 8,000만 장의 우표가 필요하였는데 폰지가 구할 수 있는 우표는 3만 장 정도였다. 갑자기 투자금이 집중하여 급격하게 몰려올 것을 전혀 예상하지 못했던 것이다. 약속을 지킬 수 없다는 점을 알게 된 폰지는 여기에서 멈추지 못했다. '폴에게 지급하기 위해 피터에게 사기 치는 수법(robbing Peter to pay Paul)', 즉 아랫돌 빼서 윗돌 괴는 방식으로 기존 투자자에게 신규 투자자로부터 투자 받은 돈을 내주며 자금을 계속 끌어당기는 방식으로 지탱하였다.

폰지사기

사기행각은 1920년 8월 2일 신문 보도로 들통났다. 폰지의 무모한 돌려막기를 불안하게 느낀 폰지 측근의 제보 때문이었다. 폰지 사기의 최종 피해자는 1만 7,000여 명으로 피해 금액은 10억 달러에 이르렀다. 이런 엄청난 피해 금액에도 폰지는 전혀 두려워하지 않았다. 교도소에서 만난 찰스 모스가 큰 금액을 사기 치고도 꾀병으로 출감하는 데서 얻은 교훈—유전무죄의 현상을 알았기 때문이다. 찰스 폰지는 다른 교도소로 이송하는 도중 탈출한다. 그리고 부동산 투기가 한창이던 플로리다로 숨어 들어가서 부동산 피라미드 사기행각을 벌였다. 플로리다에서 꼬리가 잡히자 변장한 모습으로 텍사스에 잠입하여 부동산 피라미드 사기극을 벌였다.

수사당국에 체포된 후에는 교도소에서 얻은 교훈을 바탕으로 정부와 흥정을 벌였는데 자신이 해외로 빼돌린 돈이 있으니 정부에 돌려주겠다고 제안하여 형량을 협상하였다. 이런 협상을 통해 영구 추방을 조건으로 1934년 석방되었다. 폰지는 이탈리아와 브라질을 전전하면서 자잘한 사기행각을 끊임없이 벌이다가 1948년 빈곤 속에서 사망하였다. 찰스 폰지가 했던 금융 사기는 피라미드와 비슷하지만 폰지 사기라는 이름으로 따로 칭한다.

찰스 폰지

합법을 가장한
다단계판매 사례와 반론

2016년에 연재되었던 웹툰 '던전 오브 다단계'는 불법 다단계를 묘사한 만화로서 만화 내용을 자세히 읽어 보면 합법을 가장한 불법 다단계 판매의 어떤 점이 문제인지 소상히 알 수 있다. 다단계 업체 지앤지피(과거 웰빙테크라는 이름으로 활동했었다.)도 외형상으로는 합법 다단계회사였는데 많은 피해자를 양산하고 2015년 폐업했다. 수많은 피해자를 양산한 유명한 주 모 씨의 제이유그룹도 조합에 정상적으로 가입된 합법 다단계회사였다. 합법이라는 말은 회사 자체가 합법이란 의미이지 판매원들의 행동까지 합법으로 보장해 준다는 것은 아니라는 사실을 꼭 염두에 두어야 한다. 삼성전자가 상품을 판매할 때 우리 회사는 합법 전자회사라고 홍보하지 않는다. 이마트 등 대형 슈퍼 등에서 상품을 판매하면서 우리

슈퍼는 합법 상거래 업체라고 강조하지 않는다. 너무나도 당연한 것인데도 다단계 회사들 중에서는 합법적인 회사라고 강조하는 경우가 매우 많다. 사실 합법이라고 강조하는 주장은 회사가 조합에 가입 등록한 합법적인 회사라는 의미이며 그래서 회사가 불법적인 행위를 안 한다는 의미이다. 합법적인 회사인 점을 강조한다는 건 판매원의 물건 판매 과정에서 그만큼 불법적인 행위 및 아슬아슬 법을 비껴간 편법이 많을 수도 있다는 의미일 수도 있다.

사실상 법상 합법과 불법에는 별 차이가 없다. 합법을 주장하면서 가장 대표적으로 하는 말은 1) 가입비가 없다. 2) 의무구매가 없다. 3) 강제성이 없다고 하는 것인데 이 세 가지는 전부 불법이라서 만약 하다 걸리면 법적 처벌을 받는다. 안 하는 것이 아니라 절대로 못 하는 것이다. 그러나 가입비, 의무구매, 강제성은 사실상 법적으로 굉장히 교묘하게 피해 갈 수가 있는 것들이다. 가입비는 강의장 입장비, 강사 고용비, 합숙비 등으로 받아 낸다. 개인이 채워야 하는 최소 PV를 제약으로 하여 수당을 받기 위해서는 구매할 수밖에 없어 사실상 의무구매와 강제성이 있다. 의무구매만 없을 뿐이지 사실상 무조건 물건을 구입하게 만들어 놓았다. 물건만 사고 사업자 등록도 하지 않고, 수당을 받지 않는다면 아무런 문제가 없다. 그러나 제대로 사업을 하려고 한다면 앞서 말한 의무구매, 강제성은 그대로 적용된다. 그렇다면 이런 행위를 합법이라 말할 수 있는가?

또한 제품의 퀄리티 또한 법적 제재를 받지 않는다. 불법이든 합법이든 물건이 도저히 사용이 불가능한 수준이든 법적으로는 아무 문제가 없다. 만약 나쁜 것을 좋은 것인 줄 알고 속아서 산다면 전부 본인 책임이다.

(웹툰)던전 오브 다단계 https://img.khan.co.kr/news/2016/06/08/
l_2016060801002731900207212.jpg

지앤지피 대구 고사상   제이유그룹

1. 다단계 판매업체들의 특징과 문제점

다단계 판매 업체의 가장 보편적인 전략 중의 하나는 내구재나 사용 불가능한 수준의 소비재를 고가에 유통하게 하여 등급을 빠르게 상승시켜 희망을 잔뜩 가지게 한 후, 추가 등급 상승 목표를 주면서 목표 미달에 대한 걱정을 심어 빚을 내어서라도 목표를 달성하도록 유도하는 것이다.

일반적으로 다단계 판매를 하는 소비자가 매달의 할당량을 채우려면 소비를 지속적으로 하여야 하는데 상품들이 대부분 초고가의 자석요나 전기장판인 경우가 많았다. 이런 상품들은 한번 사면 거의 반영구적으로 사용하는 제품들인데, 이런 제품을 매달 소비할 수는 없다. 책임량을 달성하기 위해서는 추가적으로 소비자 회원을 등록시켜 판매하여야 한다.

옥장판이나 전기장판 등이 다단계 판매의 주요 제품으로 많이 보급되고 알려진 덕에 2014년 이후에는 기능성 화장품이나 건강식품 등의 소비재를 상품으로 파는 모습이 많이 보였다. 하지만 판매되는 상품들이 내구재가 아니라 먹고 쓰는 소비재임에도 대부분의 상품 제조회사들이 연구소도 변변히 없는 회사들이거나 제조회사와 판매회사가 달라 갑자기 어느 한 회사가 망해버리면 도미노처럼 풍비박산이 날 수 있는 제품들이 대부분이다. 또한 비싼 가격에 비해 그만큼 질이 좋지 않고 오히려 저급이거나 인체에 유해한 상품도 많은 게 현실이다. 그럼에도 불구하고 유통과 광고를 안 하면서도 35퍼센트의 수당이 붙어 판매되다 보니 판매 가격이 시중에 유통 판매되는 제품보다 크게 싸지도 않다. 소비자들은 같은 가격에 상대적으로 품질이 낮은 제품을 소비하는 경우가 많은 것이 현실이다.

제조업체가 너무 영세해서 차마 광고도 못 할 정도로 회사 형편이 어렵거나, 제품의 품질이 너무나도 좋지 않아 정상적인 경쟁으로는 팔리지 않을 때, 그리고 판매원들의 돈 욕심과 성공이라는 꿈을 미끼로 한판 바짝 당겨서 돈을 많이 벌고 싶을 때 사용되는 것이 다단계 판매라고 생각할 수 있다. 다단계 회사들은 광고에 들어가는 비용을 줄여 품질에 더욱 투자한다고 주장하고 있지만, 사실은 광고할 돈마저 없어서 혹은 광고비로 나가는 돈마저 아까워서 다단계 판매밖에 답이 없는 실정을 그럴싸하게 포장하여 항변하는 경우가 많다. 돈 많은 업체들은 광고를 잘만 하고 있다. 허벌라이프 단백질 보충제를 마시는 리오넬 메시가 좋은 예다. 당연하지만 실제로 리오넬 메시가 이 제품을 마신다는 말은 한 적이 없다. 어디까지나 광고 모델이다. 그러나 좋은 제품을 만들고 광고도 제대로 하며 판매하고 있다.

더욱이 대형 마트부터 드럭스토어, 소셜 쇼핑, 자사 인터넷 쇼핑몰까지 엄청난 물류망과 접근성을 자랑하는 시중의 크고 작은 회사들과는 달리 다단계 회사는 물품을 살 수 있는 곳이 몇 안 되는 자사 제품 전문 판매점이나 인터넷 쇼핑몰밖에 없다. 또한, 디자이너들을 채용하여 제품 포장부터 제품 외형까지 디자인을 멋지게 하는 회사랑은 달리 다단계 회사 제품은 아마추어가 디자인해도 비슷하게 나올 거 같은 수준 낮은 디자인의 상품을 파는 것이 대부분이다.

따라서, 시중의 수많은 대체재와 비교하면 포장 디자인부터 성분, 가격, 접근성 등 그 어떤 부분에서도 나은 점 없이 가성비마저 바닥을 치는 수준이라서 잘 팔릴 수가 없는 제품들이 많다. 다단계 판매회원이 되어 상품을 대량 구입하는 순간 소비재이지만 처분이 매우 어려운 상품을 잔뜩 떠안은 채로 망하는 건 순식간이다. 일례로 중고나라에서 다단계회사의 제품을 검색해보면, 다단계 판매회원들이 잔뜩 떠안은 재고 상품들을 눈물의 땡처리로 팔아치우려는 판매 글을 쉽게 발견할 수 있다. 이와 같은 제품의 약점을 들키지 않기 위해서라도 다단계 회사들은 속이기 쉬운 할머니들을 주로 타깃으로 하여 노래교실로 위장한 떴다방이나 노인들 대상의 효도방 등 노인들이 주로 모이는 장소를 이용해 대상으로 자양강장제 등을 열심히 판매하고 있다.

다단계 회사의 소비재는 당연히 해외 직구 가격보다 훨씬 비싸다. 예를 들어보자면, 한국에서는 4만 원대의 가격이 책정된 다단계 회사 M사의 폼 클렌징은 아마존닷컴에서 12달러 정도에 팔리는 수준이다. 물론 다단계 물건들이 전부 다 그런 건 아니다. 그렇지만 다단계 물건이 해외 직구 상품과 가격이 비슷하다고 해도 그 물건이 믿을 수 있는 물건이라고 말하기도 어렵다. 다단계 상품 자체가 절대 고급이 아님에도 불구하고 일반 시중에서 파는 물건에 비해 터무니없이 비싼 경우도 태반이다. 그냥 국내에서 평범하게 팔리는 비슷한 품질의 대체재와 비교해 봐도 엄청난 가격 차이가 나는 경우가 많다. 가격만 보면 백화점 1층에 진열되어 있을 만한 수준의 가격인데, 품질이나 성분, 연구기술 등은 대형마트에서 팔리고 있는 PB제품보다도 뒤떨어지는 것들이 대다수이다. 다단계 업체에서 일반 회사에 PB제작을 맡기는 경우도 있다.

2. 영업(마케팅)비용 절감이라는 허구

'영업마케팅 비용을 절감해서 소비자/판매자와 나눈다.'라는 이론은 실제로는 허구일 수밖에 없다. 다단계 판매 옹호론자들이 대표적으로 내세우는 장점이지만 실제로 그렇게 이루어지는 다단계 판매 회사는 거의 없다.

첫 번째 현실적인 문제는 소비자가 판매자를 겸하는 구조가 안고 있는 여러 가지 문제점 때문이다. '네트워크 마케팅'이라는 이름에서도 알 수 있다시피, 인맥(네트워크)을 이용해서 소비자들이 판촉활동을 한다. 기업이 거대한 영업마케팅 조직을 유지하지 않고도 더 효과적으로 제품을 팔 수 있는 구조가 된다는 것이다. 하지만 소비자가 판매자를 겸임하는 순간 '소비자'로서의 객관적인 제품 평은 신뢰성을 잃게 된다는 점을 고려하지 않은 것이다. 소비자가 소비하는 동시에 물건을 팔면 소비자 본인에게 돈이 들어오는 구조라서 제3의 소비자는 판매하는 소비자의 제품 평에 대하여 신뢰하지 않을 수도 있다. 결국은 인맥을 통해 '사 달라고 구걸하는' 수준이 된다. 끝내는 인맥 파괴, 사기의 막장이라는 부정적 이미지로 각인되는 경우가 대부분이다.

두 번째 현실적인 문제는 1차 소비자가 판매원이 되어 새로운 판매자를 영입하면 그 새로운 판매자의 수익에서도 일정 부분의 수익을 1차 소비자 판매원에게 지급하는 구조에서 찾아볼 수 있다. 새로운 소비자/판매자들을 계속 증가 영입시키기 위한 다단계 판매 회사들의 대표적인 당근 수법이다.

즉, '1차 소비자판매원'인 당신이 이 물건을 구입하고 가입한 후 '새로운 소비자판매원'을 가입시키면 '새로운 소비자판매원'의 판매 실적과 추후 판매 실적에서 일정 부분의 수익을 '1차 소비자판매원'인 당신에게 나눠 주겠다는 것으로 실제 현실적으로 이 추가 수익의 금액에 대한 비용이 적지 않다. 사실 법정수당 지급률인 35%를 감안하여 평가하더라도 이 35% 비율의 수당마저도 절감된다는 영업비용에 거의 육박하는 수준이라 할 수 있다. 이런 이유로 대부분의 다단계 판매 회사는 판매가격을 높이는 편법을 사용한다. 이렇게 편법을 쉽게 사용할 수 있는 이유는 다단계 판매로 판매되는 상품들의 특성 때문이다. 이들 상품들 대다수는 경쟁력이 없어 정상적인 시장에서 판매가 어려운 상품들이다. 달리 말하면 경쟁력이 있었으면 굳이 다단계로 팔지 않아도 됐었을 상품들이라는 것이다. 정상적으로는 팔리지 않는 제품이니 쉽게 가격을 올린 뒤 소비자 회원에게는 '네가 좀 비싸게 사더라도 몇 개만 팔면 수당을 받아 큰 수익을 볼 수 있다.'라고 유인하고 설득할 수 있는 것이다.

10여 년 전에는 옥장판이, 2018년 이후 최근에는 화장품과 건강식품류가 다단계 판매 상품의 주류를 이루는 대표 상품이 된 이유도 원가 대비 '가격 뻥튀기'가 쉬운 이들 상품의 특성과 방문판매법상 다단계 업체의 물건은 원가의 10배까지 가격을 책정해도 합법인 점, 또 일반 소비자들이 이들 상품들의 정확한 품질을 비교하기가 쉽지 않은 점 등을 교묘하게 이용하는 다단계 판매회사의 상술 때문인 것이다.

세 번째 현실적인 문제는 다단계 판매업자들의 교묘한 영업행위이다.

다단계 판매회사의 영업원들은 사람 한 명을 끌어들이기 위하여 몇 달 전부터 시나리오를 구성한다. 일단 사업장으로 새로운 대상자를 데리고 오면 그 사람이 좋아하든 싫어하든 새로운 대상자의 입에서 가입을 하고 사업을 하겠다는 말이 나오도록 설득하고 유도한다. 강제적인 가입 권유는 불법이다. 그래서 가능한 방법을 모두 동원하여 새로운 가입자가 자발적으로 가입하도록 만드는 것이다.

달콤한 유혹의 덫(세미나 모습)
https://www.nexteconomy.co.kr/news/photo/201806/11405_19017_1518.jpg

변치 않는 다단계판매 (세미나 모습). https://img1.daumcdn.net/thumb/

가입 권유의 설득 형태는 주로 세미나라는 이름으로 이루어진다. 코엑스나 체육관 등에서 행사하면서 버스를 대절하여 가입자들을 모셔오는 행사를 많이 한다. 물론 이런 행사의 대부분은 입장료가 유료인 경우가 많다. 이 세미나는 연출된 각본으로 진행되며, 초대받은 사람들이 연출된 각본과 분위기에 휩싸여 사업에 참여하도록 유도한다. 가장 높은 수익을 올린 회원들의 사례만 보여 주면서 유혹하거나 시험 삼아 1개월만 해보고 그다음에 결정하라고 하는 등 가능한 방법을 모두 동원하여 신규 가입을 유도한다.

한 달만 가입해서 해보라고 하여 가입하면 한 달이 지난 후에도 어떻게든 해지하지 않고 계속 가입하도록 유도한다. 새로운 회원이 물건을 구매한 경우 청약철회가 가능한 시간이 3개월이므로 어떻게든 3개월간 청약 철회를 하지 못하도록 유도하고 설득한다. 심지어는 포장을 뜯고, 제품을 시험 사용해 보라고 권하기도 한다.

3. 왜곡된 물품설명과 광고에 의한 판매사례

다단계 판매를 하는 개인 사업자들이 왜곡된 물품 설명과 광고를 하는 경우가 많다. 블로그 등 각종 SNS나 직접 만남을 통해 특정 다단계 물품에 대해 우호적인 설명을 한다. 젊은 층은 인스타그램, 중장년층은 카카오스토리 및 밴드에서 활동하기도 한다. 게시물들을 보면 대놓고 광고인 게 티가 나서 한눈에 알아볼 수 있다. 하지만 대부분 허위, 과장 광고를 하는데 그 수준이 실로 심각하다.

화장품을 마치 의약품인양 피부재생, 피부병 치료, 보톡스, 필러, 성형과 같은 효과를 본다고 과장하는 건 기본이며, 그중에서 '아기가 써도 전혀 문제가 없을 만큼' 도 아닌 대놓고 '아기가 써도 된다.'라고 설명하는 경우도 많다. 그리고 화장품을 쓰다가 각종 부작용 등 이상 현상이 발생하면 무조건 명현반응, 호전반응이라고 하며 오래 쓰다 보면 좋은 결과를 볼 수 있으니 계속 사용하라고 강권하기도 한다.

물론, 화장품뿐만 아니라 건강식품도 예외는 아니다. 실제로, 허벌라이프 사의 건강식품에서 GMO 유전자가 검출되었고, 그 건강식품을 복용한 몇 고객에게 심각한 이상 현상을 초래했다. 복용 후 이상 현상이 일어났음에도 불구하고 판매자는 명현반응이라며 계속 복용하기를 권하다가 더욱 심각한 결과를 초래하는 사례도 있었다.

이바인 사의 다단계 화장품에서 중금속 크롬이 기준치의 수백 배 이상 검출된 바도 있다. 다단계 판매회사 본사나 개인 판매원들은 이러한 문제점들에 대해서 대충 둘러대거나, 긍정적인 마인드가 부족하다며 역으로 성을 내기도 한다.

그리고 다단계 판매원들이 자주 쓰는 광고 문구 중 하나는 '천연'이다. 우리 제품은 화학 성분이 전혀 안 들어간 천연 제품이라고 설명을 하는 것이다. 하지만 제품 포장 뒤에 있는 내용 성분 표시를 보면 다수의 화학 성분이 들어갔다는 사실을 알 수 있는 경우가 태반이다.

천연성분이 들어 있다 해도 아주 소량인 경우가 많은데, 예를 들어 사해 소금 화장품 다단계 업체인 시크릿의 제품들에는 사해 소금이 들어있지만 극히 미량인 경우 등이다. 화장품 다단계 판매회사 중 하나인 이안리(이바인)는 스쿠알란, 포도씨 추출물, 벌꿀 추출물, 꽃 추출물 등이 소량 들어갔다는 이유만으로 모든 제품들이 천연 화장품이라고 과대하여 선전하기 일쑤인데 여타 대부분의 다단계 판매회사들의 천연화장품 역시 대부분 비슷한 실정이다.

해당 천연 성분만 들어간 게 아니라, 그 외 다수의 화학 성분이 다량 들어갔으므로 엄밀하게는 천연 화장품이라고 말할 수도 없다. 게다가 천연 성분은 극히 미량만 들어간 경우가 대부분이므로 천연 화장품이라고 광고하는 것은 잘못된 것이다. 또한 천연화장품이니 사용 후 부작용이 일어날 염려가 없어 안심하고 사용해도 된다고 하는 말들도 모두 거짓인 셈이다.

합성 화학 의약품이나 합성 화학 화장품 등은 인체에 대한 유해성의 정도를 검사하여 안정성이 입증된 화학원료를 사용하여 천연독, 기생충, 세균, 바이러스 등을 퇴치하기 위해 만든 제품들로 인체에 대한 안전이 일단 검증된 제품들이다. 천연 제품이라는 제품들 중에는 제대로 검증되지 않은 성분들을 사용하는 경우가 있을 수 있으며, 또한 천연 물질이라 해도 개인별로 자기 몸에 맞지 않으면 알레르기를 유발하는 경우도 있다.

다단계 판매회사들의 판매기법 중의 하나인 데모(Demonstration, 체험, 구매유도라 읽는다.)는 제품의 우월성(?)을 입증하기 위해 사람들을 끌어 모아서 무료체험을 하도록 해주거나 각종 실험 등을 보여주는 방법이다. 무료체험은 체험을 시킨 후 반드시 현장에서 분위기에 휩쓸려 충동구매를 유도하려는 방법이다. 대부분 나도 모르게 충동구매를 할 수밖에 없도록 하기 위하여 아주 재미있는 수법들을 사용한다. 함정이 있는 데모실험들 중 대표적인 예를 들어 보자.

요오드에 비타민 영양제를 넣었더니 맑고 투명해진다. 비타민의 효과로 피가 맑아지는 것에 대한 효과 입증이라고 설명한다. 그러나 요오드 용액은 비타민C랑 만나면 환원 작용을 하여 원래 색이 맑아진다. 이런 과학적 지식들을 대부분의 사람들이 잘 모르고 있기 때문에 이를 이용하는 것이다. 피와 색깔이 똑같은 요오드가 맑아지니 마치 내 몸의 피가 맑아지는 것 같은 느낌을 가질 수 있도록 유도하여 구매심리를 자극한다.

보통 화장지에는 형광증백제가 가득하다고 하면서 보통 화장지에 요오드를 뿌리고 검푸른색이 되는 것을 보여준 후 판매회사의 화장지에 요오드를 뿌려서 변함이 없는 것을 확인하게 하고, 형광증백제가 없는 화장지라고 홍보한다. 그런데 보통의 화장지 중에 전분이 들어있는 경우가 있는데 그런 화장지에 요오드를 뿌리면 검푸르게 변한다. 사실 전분은 형광증백제와 달리 인체에 해롭지 않다고 알려져 있다. 인체에 유해한 형광증백제는 블랙 라이트를 비춰봐야 함유 여부를 알수 있다. 요오드로는 알 수 없는데도 눈속임을 하는 것이다.

치약의 마모도가 낮아 이의 손상이 적다는 데모에서는 판매 제품을 프린트가 된 비닐에 문지른 후 프린트된 글자가 지워지지 않는, 마모도가 작은 치약이라고 홍보한다. 치약의 마모도는 개인이 측정할 수 있는 것이 아니고, 전문기관에서 소의 이빨에 기계를 사용하여 칫솔로 일정 횟수 문지른 후 현미경 등을 통해 확인할 수 있는 것이다. 기준 마모상태 및 대조군과 비교하여 판정하는 것이 정상적인 치약의 마모도 성능 검사라고 할 수 있다. 그런데 데모를 통해 판매회사의 제품은 약하게 문지르고, 비교하는 회사의 제품은 강하게 문지르는 방법 등으로 자사 제품은 마모도가 낮은 치약이라며 허위 광고를 하는 경우가 있다.

진피층까지 흡수되는 화장품을 바르게 한 후 마치 화장품의 효능으로 피부가 좋아진 양 – 진피층까지 흡수되므로 부드러운 느낌이 든다며 "화장품으로 피부가 확 좋아졌어요."라고 홍보한다. 심지어 다단계 화장품은 먹어도 안전하다며 화장품 먹방까지 보여주는 극단적인 데모도 있는데, 몸에 발라도 무해한 것과 섭취해도 무해한 것은 다르다.

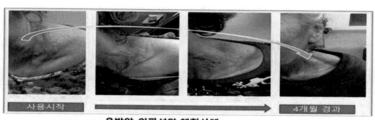

유방암-임파선암 체험사례
유방암이 임파선암으로 전이되어 돌덩이처럼 딱딱하게 올라와 병원에서도 포기한 상태였습니다. 어싱매트 사용후 점점 말랑하게 풀어지면서 암덩어리가 사라져가는 과정을 사진으로 볼수있었습니다. 4개월 경과시점에서 병원 검진결과 암세포가 대부분 사라졌다는 진단입니다.
'암세포 사라져' 과장광고 앞세워 고가 침구 판매.
http://www.safetimes.co.kr/news/photo/201907/76043_50888_3920.jpg

4. 다단계 판매회사들의 반론에 대하여

어떤 네트워크 판매회사는 "다단계 판매 업체의 나쁜 행태를 잘 알고 있다. 그래서 진짜 네트워크 마케팅을 하는 회사가 중요하다. 우리 회사는 다단계 판매 회사가 아니라 진짜 네트워크 판매 회사이다."라고 항변한다.

그러나 '방문판매 등에 관한 법률', 일명 방판법에서 규정하고 있는 용어에 따르면 모두 다단계 판매이다. 네트워크 마케팅은 다단계 판매의 다른 이름일 뿐이다. 굳이 차이가 있다면 다단계 판매는 한자어이고 네트워크 마케팅은 영어라는 것 정도이며 현대적인 느낌으로 세련된 이미지로 포장하려는 표현방법일 뿐이다.

'모든 상거래는 보이지 않는 손인 수요와 공급에 의해 이루어진다.'라고 아담 스미스는 『국부론』에서 이야기하고 있다. 그러나 다단계 업체는 '보이는 손'에 해당된다. 수요와 공급이 자연적으로 생기는 게 아니라 상위 회원이 계급을 높이고 돈을 벌기 위해 하부 회원을 계속 끌어들이고 물건을 사재기하는 방식으로 수요가 창출되기 때문이다. 이런 이유로 물건 가격에 후원수당 35%가 이미 포함되어 있고 원가의 10배까지 가격을 받아도 합법인 다단계 판매 회사의 상품 판매는 정상적인 경제 활동 속에서는 규모가 축소되다 못해 진즉에 퇴출되었어야 정상임에도 아직도 계속 유지되고 있다. 유지될 뿐 아니라 그 수요를 맞추기 위해 엉터리 데몬스트레이션, 환불 방해 등 온갖 불법적인 판매행위 등을 일삼고 있다.

'다단계 판매를 하는 경우 후발주자보다 선발주자가 최대의 수익을 낸다.'고 하며 기회가 있을 때 초기에 먼저 참여하여 크게 성공하라고 독려하는 경우도 많다. 그러나 다른 사업도 남보다 먼저 시작하면 성공 확률이 높아지는 건 마찬가지다.

그러나 다단계 판매의 경우 남보다 먼저 시작하였다 하여 최대의 수익을 내는 경우란 거의 없다. 다만 상위 0.1%에 속하는 초기 회원인 경우에는 최대의 수익을 올릴 수 있는 것으로 확인된다. 공정거래위원회에 방문하여 마음에 드는 다단계 판매 회사의 공시자료를 찾아서 5년 치 수당 지급 자료만 읽어 보아도 상위 0.1%의 회원이 되어야만 최대의 수익을 올릴 수 있음을 알 수 있다. 반대로 상위 0.1%를 제외한 나머지 판매원들의 수익이 얼마나 처참한 수준인지도 금방 알 수 있다.

0.1% 이하의 하위회원은 하위회원으로 갈수록 신규 회원을 확보하기 매우 어렵고, 인구는 한정적이기에 상위 0.1%의 수준을 따라잡는 것은 불가능하다. 다만 수평적으로 비슷한 수준의 사람들 사이에서 다소 빨리 시작하는 경우 늦게 시작한 사람보다 조금 더 많이 수익을 내는 것은 가능하지만 수직적으로 올라서는 것은 불가능하다고 할 수 있다. 차라리 일반 사업으로 대성공하는 것이 더 확률이 높고, 애초에 다단계 판매로 그렇게 성공할 정도라면 굳이 다단계 업체에 들어가지 않아도 다른 사업으로 성공할 수 있다. 다단계 업체의 상위 0.1%의 사람들이 '노력'이란 이름으로 하위회원들을 얼마나 쥐어짰을지, 그 착취가 아래로 가면서 얼마나 심했을지는 각자의 상상에 맡긴다.

5. 다단계 판매회사의 온라인 판매 사례

다단계 판매회사들 중에는 개인의 다단계 판매뿐만 아니라, 회사에서 직접 운영하는 것으로 추정되는 쇼핑몰도 많다. 또 다단계 판매업체에 가입한 개인 회원들이 온라인 쇼핑몰, 소셜 커머스에서 판매하는 경우도 적지 않다. 개인의 입소문을 통한 1:1 판매를 중점으로 하는 다단계 판매회사에서 온라인 쇼핑몰을 차려서 판매를 하게 되면 가입 회원이 되어 1:1 개인 판매를 하는 판매원들의 잠재적인 수당이 줄어드는 것은 자명한 이치이다. 다단계 판매회사의 직영 쇼핑몰에서 판매하는 상품들의 가격이 개인회원들이 판매하는 가격보다 저렴한 경우가 대부분으로 소비자들에게 어필하게 되면 개인 판매원들의 판매활동은 크게 위축되게 된다. 심지어는 다단계 판매회사들이 소셜커머스 등 온라인 쇼핑몰에까지 동일 물건을 출하하여 판매하는 사례도 비일비재하다. 소비자 입장에서 그냥 다단계 판매회사에 가입한 후 사업자가 아닌 소비자로서 저렴하게 물건을 구입하는 방법도 물건을 저렴하게 구입하는 방법 중의 하나가 될 수도 있다.

물론 이러한 상행위를 규제하고 있는 다단계 판매회사도 있기는 하다. 그러나 대부분 단지 회사 내 규정일 뿐으로 강제성이 없어 온라인 쇼핑몰에서 다단계 상품을 파는 것이 불법이 아닌 한 다단계 판매회사들의 이러한 관행이 근절되지는 않게 되어 있다.

그나마 아직까지는 대형마트, 드럭스토어, 백화점, 면세점에서까지 다단계 물건이 보이지는 않는다. 하지만 화장품을 주력으로 하는 다단계 판매회사인 시크릿은 면세점에 입점한 것을 제품광고의 '셀링 포인트' 중 하나로 중점 광고하고 있으며, 태국 방콕의 초대형 쇼핑몰 시암 스퀘어에 자사 매장을 입점시켰다. 아직까지는 시크릿 단 한 곳뿐인 것으로 나타나고 있으나 만약 다단계 판매회사들이 이렇게 대형마트, 드럭스토어, 백화점, 면세점에서까지 회사 차원에서 직접 나서서 물건을 판매한다면 그 물건을 사서 팔아야 하는 판매원들은 뭐가 되는 걸까?

소셜커머스, 중고나라, 오픈마켓에서 판매하는 상품들은 다단계 판매회사의 가입 판매원들이 포인트를 높이기 위해 울며 겨자 먹기로 사재기한 물품들이거나, 수입물품인 경우 온라인 쇼핑몰이나 소셜커머스 회사 자체가 수입하여 판매하는 제품들인 경우도 많다. 다단계 판매원들이 주변 지인들에게 물건을 팔든, 중고나라에서 싸게 팔아 수당을 챙기든 모두 문제가 없다. 다단계 판매회사의 물품 판매 방법을 규제하는 법률은 없기 때문이다. 만일 여러분들이 이런 상품들을 사용하다 피해가 생겼다면 구매처에 증거 자료와 함께 환불을 요구하고, 공정위와 국민신문고를 통해 본사에 환불 및 피해보상 신청을 할 수는 있다. 본사는 어떤 방식으로 팔리는 물건이든지 간에 자사 제품에 대한 책임을 질 의무가 있으며, 이것은 다단계 회사이든 일반 회사이든 전부 동일하다고 할 수 있다.

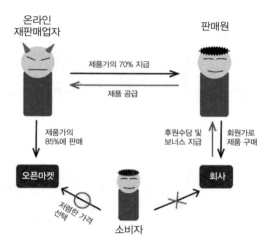

온라인 재판매업자의 검은 유혹: 한국 마케팅 신문사. mknews.kr

6. 유사 다단계-재택 알바

'이동통신기기 판매업종'으로 10년째 영업을 하며 '재택 알바'라는 이름으로 투자자들을 끌어 모은 H회사는 법적으로는 다단계 회사가 아니다. 방문판매법에 의하면 하위회원의 매출을 통해 이익을 보는 단계가 2단계 이상이어야 법적으로 다단계 판매회사로 분류되는데 이 회사는 1단계까지만 만들어 법망을 피해 간 것이다. 즉 회원 가입을 하고 친구 한 명을 끌어들이면 수당 지급이 되지만 그 친구가 또 다른 사람을 끌어들여 가입시킨다 해도 최초 회원에게는 수당 지급이 없는 방식이기 때문이다. 적어도 재택알바에 대하여 수소문해 본 적이 있는 사람들은 이 회사에 대해서 안 들어본 사람은 없을 것이고, 굳이 다단계 판매회사라고 구분하지 않더라도 이런 회사들은 그리 좋은 평판을 받고 있지는 못한 것 같다.

해당 회사는 2011년 7월 공정위가 다단계 판매회사로 지적을 한 바도 있으며, 2011년 9월에는 방문판매법 위반으로 고발당하기도 했으나 무혐의 처분을 받았다. 이 업체는 이 공정위 사건을 기화로 자신들은 공정위도 이긴 기업이다. 우리는 승리자다. 같은 말을 하며 투자자를 끌어들이곤 했다. 굳이 법적으로는 다단계가 아니라고 해도 외국에서는 이런 영업형태가 엄연한 불법인 것 또한 사실이다.

다단계 판매회사로 공인받은 업체가 아님에도 대학, 시,

군, 구청 등의 홈페이지 그리고 여러 블로그, 지식인, 카페, 전봇대, 버스 정류장, 아파트 문 앞, 대학가, 심지어 알바 사이트에도 유령회사를 만들어 그 사업자등록번호를 이용하여 공고글을 올리는 업체도 많다.

이들은 온갖 사탕발림으로 투자자를 구슬려 가입하게 만든 뒤, 초기 비용이라며 가입비를 챙겨간다. 처음에는 투자자를 도와준다고 한다. 하지만 가입을 하게 되면 언제 그런 소리를 했냐는 듯 나 몰라라 하는 경우가 대부분이다. 가입한 사람들이 유사 다단계를 통해 실제로 돈을 버는 것도 절대 아니다. 성공사례를 인터넷에서 검색하여 보면 실적 100만 원 이상인 사람들은 손으로 꼽을 정도이다. 그런데도 이들은 가만히 있어도 200만 원은 벌 수 있다고 큰소리치고 있다. 그리고 더 안타까운 것은 이렇게 유사 다단계로 사람들을 현혹시키는 사람들의 대부분은 일반 주부이거나, 평범한 회사원 같은, 보통은 '평범한' 사람들인 점이다. 결코 사기꾼 기질을 타고난 것이 아닌데도 불구하고 이런 짓을 하는 걸 보면 '돈이 사람을 환장하게 만드는 것이 결코 거짓된 이야기가 아니다.'라는 씁쓸한 생각을 갖게 한다.

이외에도 몹쓸 유사 다단계 '재택알바' 회사들이 많다. 근데 사실 초기 비용이나 시스템이 조금씩 다른 것을 제외하면 돈 낭비, 시간 낭비라는 것은 다 똑같다. 왜냐면 알바인데도 돈이 안 되기 때문이다. 왜 돈이 안 되는지 나열해 보자면 다음과 같다.

사회 초년생을 제외하고는 이 대한민국에서 재택알바라는 것을 모르는 사람이 점점 없어지고 있으며, 가입할 사람은 이미 다 했고 안 할 사람은 절대로 안 하기 때문에 가입하는 사람들이 점점 줄고 있다. 가입자 수가 줄면 가입을 유도하는 회원들의 실적도 줄게 되기 때문에, 이 시장도 상황이 점점 악화되고 있다.

가령 가입하는 사람들이 많다고 하더라도 무늬만 '다단계 아님.'이지, 사실상 다단계처럼 독점 체제가 구축되어 있다. 방금 서술한 재택알바 회사들만 하더라도 '잘나가는 회원들' 몇몇이 거의 돈을 다 쓸어 담고 있다. 왜냐하면 이들은 공통적으로 초창기에 가입했던 이들이고, 그만큼 일을 오래 했으니 남들에게 없는 홍보 노하우를 가지고 있고, 홍보를 잘하니 사람들이 그 회원을 통해서만 가입을 하는 것이다. 쉽게 말하면 아예 처음부터 게임이 안 되는 구조다.

대부분의 업체는 누군가를 추천한 뒤 무료회원 - 정회원 순서로 가입을 하고 정회원이 되어야 실적을 쌓을 수 있는데, 정회원이 되려면 초기 비용을 지불해야 한다. 그래서 초기 비용이 부담돼서 무료회원으로만 가입하고 정회원으로 전환하지 않는 사람들이 대부분인데, 이 무료회원으로 오랫동안 잔존한 사람들이 몇 년 뒤 다시 홍보 글만 보고 정회원으로 전환한다면 실적은 예전에 본인을 추천했던 사람한테 간다. 홍보 글을 쓴 사람한테는 실적이 가지 않는다. 홍보 글을 쓴 사람은 자신을 추천해달라고 난리도 아닌데 정작 일하려는 사람은 그런 것에 신경 쓸 리가 없다. 세월이 지나면서 이런 방식으로 정회원이 되는 경향이 점점 늘어남에 따라 사실 많은 사람들의 홍보 글이 헛수고가 되고 만다.

회사 사이트 대부분이 네이버나 다음에 검색이 되는데, 가입하고 일하려는 사람들 대부분은 홍보 글에 있는 링크를 타고 들어가는 것보다 검색해서 들어가는 것을 훨씬 덜 찝찝해하는 경향이 있다. 홍보 글에 있는 링크는 가입할 때 그 사람의 추천인 아이디나 번호와 같은 것이 자동으로 찍혀서 나오는데, 사이트에서 검색해서 들어가면 추천인 아이디가 아닌 회사 자체의 아이디(I)가 적혀 있어서 실적을 회사가 다 가져가 버린다.

홍보 글과 통장 실적 사진에 세뇌된 보통 사람들은 이러한 사실을 추론하기 힘들고, 오랫동안 이 업계에서 몸담아 온 사람들만이 자연스럽게 알게 되는 구조적인 결함, 모순, 그리고 실태이다.

이런 결함이 있는데도 아직 그것을 깨닫지 못한 많은 사람들이 계속해서 이런 업계의 특성에 대해 지식인 사이트에서 물어보고 있는데, 정말이지 안타까운 일이 아닐 수 없다. 왜냐하면 홍보를 하는 많은 사람들이 이런 회사들을 미화시켰기 때문에 인터넷에서 진실한 이야기를 찾기가 서울에서 김 서방 찾기 수준이며, 제대로 된 답변은 하나도 없다. 자동답변, 그러니까 사람이 아니라 프로그램이 답변을 해준다. 그리고 간혹 이런 질문을 오히려 광고의 한 형식으로 이용해 자문자답의 방법으로 '지식인' 조회 수를 늘려 자신에게 투자자가 오도록 하는 고단수적인 전략도 눈에 띈다.

물론 간혹 이 바닥에서도 괜찮은 회사가 있기는 하다. 이런 회사는 초기 비용을 내지 않지만 수익이 푼돈의 수준에서 벗어나는 경우는 별로 없다. 한 달에 10만 원 정도 벌면 잘한 거다. CPA로 돈을 버는 경우는 50만 원이 넘어가기도 하지만 이런 예외적인 경우를 제외하고는 사실상 유사 다단계, 여러 번 강조했지만 정말이지 돈 더럽게 안 벌린다. 통장에 수백만 원 찍힌 것을 인증할 정도로 많이 버는 이들이 없다는 건 아니다. 그러나 그것이 자신이 될 것이라고 장담할 수 없으며, 악화되는 시장 상황 때문에 이런 것으로 돈을 벌기는 점점 어려워지고 있다. 유사 다단계 등 초기 비용을 지불하는 어떤 것도 해서는 안 될 것이다.

재택알바 광고 m.blog.naver.com, shrl'13.tistory.com

7. 유사 다단계-취업형

구인광고를 하고 회사에 면접 온 구직자들을 대충 면접하여 합격시켜주고 일주일에서 1개월 정도의 수습 연수기간을 주면서 회사 제품에 대한 홍보와 판매를 홍보 수업 형식으로 진행한다. 합격자가 해당 제품을 외판하여 오면 연수점수가 오르는 방식이다. 그렇게 일정점수 이상이 되어야 연수기간이 끝나고 정규사원이 된다는 것이다. 이러한 영업행위를 입사의 조건으로 내걸면서 영업을 할 때까지 연수기간은 계속되며 그 기간 동안의 급여는 없다. 합격을 하기 위하여 외판하여 오거나 직접 구매해서 사용하게 되는데 상품값이 터무니없게 비싼 경우가 대부분이다.

문제는 외판이 아닌 자가 구매를 할 경우이다. 가격이 가격이니만큼 일시불은 거의 불가능하며 이를 자가 구매할 경우 대부분 신용카드로 할부 결제를 하게 한다. 그리고 할부가 아직 끝나지 않은 상태에서 해고당하는 사례가 대부분이다. 회사가 제시하는 연수점수를 다 채울 수 없기 때문이다. 결국 회사만 구직자들의 돈으로 이득을 챙기는 것이다. 이젠 하다하다 취업을 미끼로 이런 방식의 다단계를 하는 다단계 판매 기업도 존재한다.

이런 회사를 알아내는 방법이 있다. 회사 이름으로 구글링하지 말고 회사의 회장 이름으로 구글링 해보자. 그러면 이 회사와는 전혀 상관없을 것 같은 듣도 보도 못한 기업들이 많이 나온다. 당연히 한 건 할 때마다 회장이 자기 회사의 이름을 계속 변경해가며 취업을 미끼로 이런 장사를 하고 있는 것이다. 한 달에 150만 원의 월급을 받기 위해 천만 원 가까운 돈으로 물품을 구매하고 입사했는데 할부를 다 갚기도 전에 해고당해서 할부는 고스란히 빚이 되고 기업은 이런 식으로 취업지원자들의 등골을 빼먹는 사례가 많다.

결론적으로 취업할 회사에서 연수 목적으로 자사 제품을 영업하거나 구매하라고 권유하고 그 제품이 거짓말같이 고가 제품이라면 100% 취업 가장형 다단계이다.

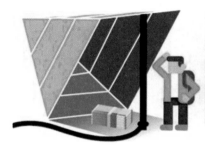

취업준비생 불법다단계의 특징 . hankyung.com

다단계 피해자들의 공통점

다단계 판매 피해들의 공통적인 특징을 하나 꼽으라면 '노력을 안 하고 불로소득을 원하는 사람들이 대부분'이라는 것이다. 하부에 회원을 달아놓으면 포인트가 쌓여서 돈을 받을 수 있다고 생각하는 사람들부터, 자가소비를 통해 캐시백을 받을 수 있다는 거짓말에 낚인 사람들까지. 이런 사람들의 공통점은 노동으로 돈을 버는 게 아니라 단순히 물건만 사서 아래 회원들만 잘 모아 상위 1%가 되어 몇 억 원의 돈을 쓸어 담는 승격식 무대 위에 올라가 찬사를 받는 사람들처럼 되는 것이 지상 목표이다. 하지만 처음부터 후원코드를 등록하지 않고도 등록할 수 있는 1단계 판매원으로 등록되지 못하면 상위 1%가 되는 것은 애당초부터 불가능하게 설계되어 있는 것이 모든 다단계 판매회사의 설계구조이다. 그리고 애초에 사람을 모아 마케팅을 하는 것 자체가 그리 쉬운 일이 아니다. 세상에 공짜는 없다.

본인의 의도나 노력과는 무관하게 다단계 판매원이라는 사실이 알려지게 되면 주변 지인, 친척 등 인맥들과의 관계가 점점 나빠지게 된다. 다단계 판매에 대한 일반적인 대중의 부정적인 인식의 영향이기도 하지만 사실은 다단계 판매원들의 일상에 아주 큰 원인이 있다. 다단계 판매원이 되면 자연스럽게 거의 모든 생활을 다단계 판매원들끼리만 같이 하게 된다. 자기 주위 사람들과 만나는 사실이나 내용들을 자연스럽게 상위 회원에게 보고하게 되고 심지어는 주변 사람들과 나눈 대화 내용까지도 보고 겸 이야기하게 되는 구조이다. 주변 사람들과 놀러 가는 것, 병원에 가는 것조차도 상위 회원에게 보고하는 등 마치 군대의 보고체계 같은 구조에서 생활하다 보면 자연 주변 인맥들과의 관계가 점점 멀어지게 된다. 그래서 불법 다단계는 공공의 적이라 할 수 있다.

다단계 금융사기범죄 특징

초기에 높은 이자 꼬박꼬박 지급

지나친 고수익과 사업 안정성 강조

전문가도 이해하기 어려운 투자상품

정치인 연예인 동원 화려한 설명회

피라미드 수당체계로 자금모집

불투명한 투자금 관리로 돌려 막기

불법다단계의 특징. hankooilbo.com

2장

불법 다단계구별
및 피해 방지
대처 방법들

회사 실적
확인하기

공정거래위원회에서 방문판매업체-다단계판매회사의 목록과 회사 실적을 검색해 보자. 이들 업체들의 회계감사 결과의 결산보고서와 사업보고서를 볼 수 있다. 현재 검색되는 업체들 기준으로 살펴보면 회사다운 실적을 보여주는 업체는 손가락으로 꼽을 정도이고 대부분의 업체들의 사업 실적은 비참한 상태라고 알면 된다. 건실한 다단계 마케팅을 해보려 시도한다면 실적이 부실하면 아예 검토 대상에서 제외하고 실적이 우수한 업체를 골라서 시도하는 것이 바람직하다.

방문판매법에 의해 합법적으로 인정받은 다단계 판매업체들이 모여서 만든 직접판매공제조합과 한국특수판매공제조합이 있다. 해당 조합에 가입되어 있는 다단계 판매업체에서 피해를 보았을 경우 이들 조합에 배상을 신청하면 최대 1,500만 원까지 배상받을 수 있다. 그러나 문제는 이들 조합에 가입되어 있는 대다수의 다단계 판매업체의 신용도가 0에 가깝다는 것이고, 조합에 신고된 개별 회사의 제조와 유통구조의 통계가 실제와 부합하지 않는 회사가 부지기수라는 것이다. 역시 건실한 다단계 마케팅을 해보려 시도한다면 이들 조합에 신고된 개별 회사 중 제조와 유통구조의 통계가 사실과 부합하는 회사를 골라서 시도하는 것이 바람직하다.

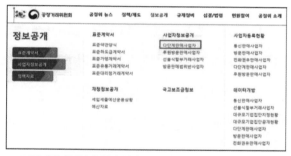

다단계판매사업자 실적 알아보기. 공정거래위원회 홈페이지

다단계판매 합법-불법 구분은 '공제조합 가입'- 매일경제신문

판매원들의
영업태도 알아보기

다단계 판매의 부작용을 막고자 대부분의 국가에서는 각종 법률과 제도적 장치를 만들어 운용한다. 이러한 법의 테두리 내에서 활동하는 업체를 합법 다단계라고 하며 관련 법을 위반하는 업체를 불법 다단계 업체로 통상적으로 분류한다. 하지만 회사에서 주도하여 위법행위를 저지르는 것이 아닌 판매원들 개개인이 위법행위를 저지르는 부분에 대해서 "우리가 그런 거 하지 말라고 했는데 판매원들이 굳이 꾸역 꾸역 하는 걸 어떡해요."라며 책임을 미루는 경우가 많다. 한 예로 ○○○ 본사에서는 공식적으로 "클렌징 로션은 화장한 얼굴에 바른 뒤 문질러내고 닦아 내세요."라고 안내하고 "클레이팩은 다른 제품과 섞지 말고 단독으로 사용하세요."라고 안내하지만 판매원들은 수분젤, 클렌징 로션, 클레이팩을 섞어 삼합팩이라는 괴악한 물건을 만들어 내어 아주 좋은 화장품이라고 현혹시키기도 한다. 수익에 눈이 먼 판매원들의 잘못인 것이 확실하지만 그 '수익'을 요구하는 게 누구인지 생각해 보면 결국엔 다단계 회사가 원인을 제공하고 있다는 결론에 도달하게 된다.

다단계 업체 자체는 합법적인 업체지만, 하부 판매원들이 저지르는 행위는 불법인 경우가 상당히 많다. 한 예로, 해시태그를 달아서 SNS를 통해 후기를 올리거나 광고하는 것도 불법이다. 방판법에 따라 개인 다단계 판매원은 온라인에서 광고를 할 수 없고, 오직 오프라인을 통해 직접 만나서만 제품을 팔 수 있기 때문이다. 다단계 판매회사가 합법이라는 사실에 너무 현혹되지는 않아야 한다. 다단계 판매회사의 불법행위가 적발되는 경우 정작 다단계 판매회사는 별로 처벌을 받지 않고, 판매원 개인들에게 모든 책임을 떠넘기는 일이 부지기수이다.

다단계판매회사의
주요 방침 등 살펴보기

    다단계 회사의 주요 방침을 체크해보아도 합법적인 다단계 판매회사와 피리미드 사기 판매회사를 구별할 수 있다.

    다단계 판매회사가 취급하는 물품들의 최근 경향은 주로 소비재 중심인데 이 소비재의 가성비가 좋은지, 내가 이런 가격으로 구입하여 소비해도 타당한지를 따져 보아 판단해 보는 것이다. 당연히 가성비가 낮은 경우 합리적인 의심을 해 보아야 한다.

    가입 시 5만 원 이상의 가입비를 요구하는지, 재고의 부담을 주는지, 정해진 할당량을 강요하는지, 90일 이내에 사용하고도 50% 이상이 남으면 반품이 가능한 소비자 만족 보증

제도가 있는지 꼼꼼히 살펴보아야 한다.

지나치게 이익을 보장한다고 감언이설이 더해지는 경우 피라미드일 가능성이 매우 많다.

불법적인 다단계 회사들은 대부분 규제가 약한 방문판매 업종으로 종목을 바꾸어 정상적인 업체로 위장한다. 만일 지원하려는 회사의 이름을 들어본 적이 없고 방문판매 업종이거든 지원하기 전에 다시 한번 생각해 보아야 한다.

영업사원의 인센티브와 다단계 판매의 수당이 같다고 주장하는 데 대하여도 자세히 살펴보자. 회사의 영업사원은 입사해서 물건을 단 한 개도 못 파는 경우라 해도, 심지어는 갓 입사한 신입사원이라 해도 월급을 받고 영업비도 지원받는다. 또한 영업은 물건을 파는 상행위뿐만 아니라 도매상에 물건을 내리고 재고를 관리하는 것 등도 포함한다. 하지만 다단계 판매원들의 영업의 경우에는 물건을 소개하는 영업비도 내 지갑에서 지급해야 하며, 고정 급여도 없고, 물건을 판매하여 생기는 PV라는 이름의 포인트는 일정 이상에 도달하지 않으면 수당이 지급되지 않는다. 개인 자격의 판매자이기 때문에 도매 및 벌크 수준의 판매, 고객의 피드백을 취합하여 회사에 요구하고 이를 반영하는 행위 등은 꿈도 꿀 수 없다. 결정적으로, 다단계로 판매된 물건이 환불되면 포인트가 차감되기 때문에 수당을 도로 토해내는 일도 발생한다.

　　다단계 판매를 하는 회사들 중에는 우리 회사는 합법적인 회사이고 과장된 홍보로 소비자를 현혹시키지 않고 있으며, 상품에 하자가 없고, 영업사원이 하는 일에 맞는 적절한 보수를 지급하고 있으니 아무 문제 될 것 없다고 항변하는 경우도 많다. 그러나 실제로 현실을 보면 개인의 삶을 파괴하고, 그 가정 또한 파괴하는 숨겨진 악의 축인 사례가 너무 많다. 서민계층, 특히 학력이 한미한 사람들에게 말도 안 되는 자신감을 불어 넣어주고 부추기는 방식으로 "넌 사업가니까 네가 고생해야 한다."라며 자발적 참여와 열렬한 사업 추진을 독려하면서 실질적인 착취를 정당화하는 경우도 많다. 고도로 준비된 설득 테크닉에 세뇌된 회원들은 자신들의 행위가 자발적이고 자율적인 선택이라 믿게 되어 더더욱 견고한 세뇌의 벽을 유지하게 된다. 물론 "진짜 아무런 노력도 안 하고 제품만 사재기 하는데 왜 수익이 안 생겨요?" 하는 이들도 있기는 하다. 판매원 모집 과정에서 자가소비로 포인트를

쌓아 캐시백을 받을 수 있다고 거짓말을 하면 이런 사례가
나오게 된다.

이곳에서 직급이 높거나 자기 포인트를 잘 유지하고 있는
사람들 대부분 매우 금수저거나 잘되는 자회사를 가지고 있
어서 일을 안 해도 크게 문제가 안 되는 사람들이다. 개천에
서 난 용 같은 거 없다. 잘난 사람들이 비행기 태워준다고 절
대 믿지 말자. 그리고 실제로 그렇게 잘나지도 않았다. 실제
전략으로 '프로모팅'이라는 개념이 있는데 높은 직급 사람들
을 무슨 유명인 마냥 떠받들게 만든다. 이런 식의 연락이 오
면 그냥 광신도가 된 것이니 그 사람과 관계를 끊어버리자.

올바른 다단계판매회사 점검 리스트

피라미드 사기인지 제대로 된 회사인지, 스폰서가 올바른지 등을 알기 위해서는 알아야 할 필수 요소들이 있는데 다음과 같다.

1. 내가 제품들을 무조건 의무 구입해야 하는 것인지를 확인해본다. 당연히 의무구입은 불법이다. 올바른 회사가 아니다.

2. 후원을 더 많이 한 나보다 후원을 더 안 한 스폰서가 돈을 더 버는가? '예'라고 판단되면 올바른 회사가 아니다.

3. 열심히 노력하면 상위직급 판매원보다 수입 역전이 가능한가? 핵심 중의 핵심이다. 만약 이게 불가능하다면 올바른 회사가 아니다.

4. 스폰서가 제품을 강매하는가? 강매하면 올바른 회사가 아니다.

5. 제품들이 정말로 소비자(본인)에게 필요한 물건인지, 혹은 정말로 좋은 제품들인지 여부. 아니라면 올바른 회사가 아니다.

6. 소비자 만족 환불 제도가 있는지, 없으면 올바른 회사가 아니다.

7. 대출 강요를 하는지, 강요하면 불법이며 올바른 회사가 아니다.

8. 무조건 된다는 꿈 같은 이야기나 혹은 일확천금 이야기를 꺼낸 다면 올바른 회사가 아니다.

9. 수입구조가 간단한지 체크해 보고 복잡하다면 올바른 회사가 아 니다.

10. 자신보다 상위 스폰서들의 모습과 자산을 체크해 어느 정도 수 입이 있는지 확인해본다. 실제로 수입이 많지 않으면 올바른 회 사가 아니다.

11. 기업 신용도를 확인하여 신용도가 낮으면 올바른 회사가 아 니다.

12. 세미나장이나 강의장에 참석한 사람들의 수준이나, 참여 사업가 들의 수준을 체크해 보고 수준이 낮으면 올바른 회사가 아니다.

일단 제품들을 무조건 구입해야 하는 것이라면 이는 무조 건 불법이며 만약 스폰서가 나보다 후원자 수가 적으면서 수 익을 더 버는 구조라 수입 역전이 일어나지 않는다면 이 또 한 피라미드다. 또한 스폰서의 제품 강매와 사업 강요는 불법이든 합법이든 일어나기 때문에 스폰서와의 연을 끊어야 한다.

설사 내가 사업을 하지 않더라도 나에게 정말로 필요한 제품들이 있고 값이 비싸더라도 그럴 만한 가치가 있다면 사도 문제가 될 것이 없지만 만약 필요 없다고 생각하고 그럴만한 여유가 없음에도 대출이라도 받아서 사라고 하거나 아무런 검증이나 데모 혹은 설명 없이 무조건 타사 제품들과 비교하거나 혹은 불안한 미래와 자신의 현재 직업 등을 비하하면서 제품을 강매하거나 사업을 강요하면 이는 불법이든 합법이든 관계없이 무조건 연을 끊어야 한다.

소비자 만족 환불 제도가 있는지도 반드시 확인해야 한다. 만약 속아서 제품을 대량 구매하거나 혹은 제품이 마음에 들지 않았음에도 불구하고 환불을 해주지 않는다면 이는 엄연한 사기이며 설사 합법이라도 스폰서가 환불을 막으려 든다면 이 역시 스폰서와 연을 끊어야 한다.

기본적으로 다단계 판매는 구전을 통한 판매를 중점으로 두고 있다. 어찌 보면 자가소비라고 할 수 있지만, 자가소비는 마트나 시장에서 물건을 그냥 사다가 자신이 쓰는 게 자가소비다. 다단계 판매는 개인판매원으로 등록된 사람이 업체에서 물건을 내려 받아 주변인들에게 구전으로 제품을 알리고, 그 주변인들을 판매원으로 등록시켜 물건을 지속적으로 매달 구매하게 하는 것을 말한다. 수당을 받고 직위를 높이기 위해 요구되는 포인트 및 물건의 가격과 양이 일반적인 상식선의 자가 소비량보다 더 많은 것은 판매를 전제로 두고 있기 때문이다. 만약 단순히 자가소비만 할 것이라면 무리하게 비싼 물건이나 필요 없는 물건을 살 필요가 없다. 말 그대로 필요한 것만 사야 자가소비다.

만약 사재기를 위해서 대출을 강요한다면 이 또한 불법이다. 다만 만약 스스로가 사업을 잘못 이해하여 대출을 하고 사재기를 한다면 이는 어디까지나 자기 잘못이라고 할 수 있다. 기본적으로, 무조건적으로 일확천금이 되는 꿈 같은 사업이 절대로 아니다. 아무 설명 없이 무조건 된다고 우기면 의심부터 해봐야 한다. 딱히 네트워크 마케팅이 아니더라도 네트워크 구축은 결코 쉬운 일이 아니다. 기본적으로 네트워크 구축은 엄청난 자본이 필요한데 사람 한 명이 그걸 맨몸으로 한다는 게 쉬운 일이 절대로 아니다. 말 그대로 누구나 시작할 수는 있지만 누구나 잘할 수는 없는 사업이다.

피라미드나 수입 역전이 불가능할수록 수익구조는 매우 복잡하다. 만약 간단명료하게 설명이 되지 않거나 이해가 안 되면 참여를 하지 않는 게 좋다.

상위 스폰서들의 수입을 직접 물어 체크하거나 혹은 공정거래위원회(https://www.ftc.go.kr)에서 상위 스폰서들의 후원 수당 지급액을 확인하여 본다. 상대평가는 아니지만 적어도 상위 스폰서가 되면 이 정도는 벌 수 있다는 걸 알아야 한다. 상위 스폰서들의 수익이 매우 낮다면 그 기업의 사업은 비전이 없다는 의미이다. 자신이 상위/하위 몇 %에 속했을 때 얼마나 벌 수 있는지 정도는 대략적으로 파악하여 보아야만 그 사업의 비전을 가늠할 수 있다.

강의를 하는 장소가 어디인지, 강의장에 참석하는 사람들이 어떤지 체크해 본다. 강의장이 지하나 더러운 강당 혹은 건물 최상층이라면 사업가들에게 별로 투자를 하지 않고 기업의 이미지를 별로 신경 쓰지 않는 회사라는 증거다. 주변에 어떠한 사람들이 강의를 듣는지 또 그들이 어떻게 무엇을 하는지도 자세히 살펴봐야 한다. 이전과는 다르게 더 이상 젊은이들 특히나 학생들은 다단계에 쉽게 빠지지 않는다. 설사 빠지더라도 그 수가 매우 적으며 만약 젊은 사람들 없이 대다수가 호름한 복장의 저소득층의 고령인들만 모여 있고 대화의 질이나 행동도 좋지 않다면 회사의 목적은 그냥 노인들을 등쳐먹으려는 것이다. 이 노인들은 사업은 안 하고 그냥 선동당해서 물건만 쓰는 소비자들이 대다수며 물건이 정말로 좋은지 혹은 안 좋은지는 모르는 이들이다.

대상 회사에 대하여 위와 같은 내용을 조사해 본 결과 유리처럼 깨끗한 회사, 개인 PV가 있는 회사, 정말로 좋은 제품을 파는 회사, 좋은 스폰서가 있는 회사라면 사업에 참여해 볼 수도 있을 것이다.

피해 방지
사전 대처법

학교 동창, 병역 의무 중 생긴 지인처럼 거의 얼굴만 아는 사람들에게 갑자기 연락이 온다면 거의 보험 가입, 보증, 사이비 종교 포교, 다단계라고 생각하면 된다. 원수지간이었던 사람뿐만 아니라 본인에게 그러리라고는 의심조차 안 했던 사람이 뒤통수치는 경우도 많다. 온갖 이유로 어떤 일을 하는지조차 정확하게 말해주지 않으면서 막연히 좋은 사업아이템/일자리/회사/체험/세미나 등이 있으니 소개해 준다고 하면 99% 확률로 다단계다.

속기 좋은 다단계 유형은 대략 이렇다. 같이 지내던 대학 동기가 방학 때 전공을 살릴 수 있는 직장이라고, 같이 아르바이트하자면서 연락을 한다. 혹은 멀쩡한 회사 이름을 대며 여기서 일하자고 권유한다. 그러나 만난 뒤에는 갑작스러운 사정이 생겨 그 회사 대신에 다른 회사를 섭외해놨다면서 데려간다. 이런 곳은 피해자를 꼬드겨서 데려오는 매뉴얼이 있기 때문에 본인이 경각심이 없다면 보통 만나는 단계까지는 걸려들게 되어 있다. 받을 수 있는 임금도 시세보다 조금 더 짭짤하게, 상대방 수준에서 딱 솔깃한 조건으로 부른다. 숙련된 사람들은 거짓말을 하는 데에 전혀 양심의 가책을 느끼지 않는 수준이라 혹시나 하다가 당하는 수가 있다.

아래 대처법을 보기 전, '쉽게 돈을 벌 수 있는 일은 세상에 없다.'는 것을 명심하자. 당신에게 가장 많은 것을 베푸는 사람은, 당신에게서 가장 많은 것을 가져갈 사람이다. 자선단체도 아닌데 돈을 거저 줄 리가 없다.

상대가 사기를 치겠구나 싶으면 처음부터 '별로 생각 없다.'는 식으로 확실하게 말하는 것이 좋다. 당연하지만 돈이 잘 벌리는 직업을 별로 친하지도 않은 사람에게 권하는 경우는 없다. 그런 것이 있으면 본인이 하지 왜 타인을 끌어들이겠는가. 사람의 본성이 이기적이라는 대전제는 꼭 명심해 놓고 있어야 한다. 특히 잠실역, 암사역, 천호역 근방에서 만나자고 하면 무슨 일이 있어도 단칼에 거절해야 한다. 거마 대학생이란 말이 괜히 나온 것이 아니다. 심지어는 교대역이 본부라 강남에서 보자고 하고 낚는 기업도 있었다. 약속 잡을 때 애매하게 강남에서 보자고 하다가 당일 강남역이 아닌 교대역으로 나오라고 한다면 주의하자. 만약 약속을 해버렸다면, 약속 장소에 나가지 말고 카톡 및 수신차단을 한 후 쭉 연락을 끊으면 된다. 덤으로 이런 일이 일어났다면, 권유한 사람과는 확실히 연을 끊는 것이 좋다.

속임수에 넘어가서 지인을 만나게 되었는데 "사실은 그 일이 아니고 일이 바뀌었어." 같은 소리를 한다면, 100% 다단계이다. 이때가 바로 도망칠 타이밍이다. 바로 발을 빼야 한다. 지인과 사이가 나빠질까 봐 걱정하진 말자. 오히려 연을 끊는 게 본인 신상에 이롭다. 이미 다단계를 권유한 시점에서, 그 지인은 당신의 가정을 박살 내려는 악마이다. 본인이 거절하거나 한 번 데여서 손을 끊었더라도 계속 연락이 올 수 있으므로, 미리 수신차단을 해 두는 것이 바람직하다.

피해 방지
사후 대처법(1)

다단계 회사 물건을 샀을 경우 개인의 선에서 대응할 수 있는 방법은 기본적으로 공정거래위원회나 경찰 등에 전화하여 신고 가능 여부를 최대한 알아본 후 신고가 가능하다면 신고하는 것이다. 이미 물건을 샀을 경우 다단계 판매원의 목표는 최대한 환불을 막는 것이고 피해자의 목표는 최대한 빨리, 많은 양을 환불하는 것이다. 환불이 가능한 기간은 구매일자로부터 3개월이지만 최대한 빨리 신고하여 조치하는 것이 좋다.

부모나 지인에게 상담을 통해 도움을 청한다. 다짜고짜 부모나 지인들을 끌고 회사에 쳐들어가라는 것이 아니다. 자신에게 일어난 일을 말하고 앞으로의 조치 계획을 준비하는 데 도움을 받으라는 의미이다. 지속적으로 받은 다단계 회사의 세뇌 교육으로 생길 수 있는 실수를 훨씬 줄일 수 있을 것이다.

구매한 물건은 절대로 포장을 뜯도록 내버려 두지 않아야 한다. 당신의 물건이다. 그런데 물건이 괜찮은지 확인한다면서, 자신이 써봐야 팔 수 있다면서, 물건을 샀으니 환영행사로 박스식을 한다는 등의 이유로 포장을 뜯어버리는 경우가 많이 발생한다. 이런 경우는 무슨 수를 써서든지 철저히 막아야 한다. 당신은 자가소비를 위해 판매원으로 등록한 게 아니라 판매를 위해 판매원으로 등록한 것이기에 애초에 다른 사람에게 판매해야 하는 물건을 뜯어야 할 이유가 없다고 말하자. 이때 좋은 방법은 샘플을 요구하며 본 물품의 포장 뜯는 걸 저지하는 것이다. 다시 한번 말하지만 포장을 뜯으면 그것은 당신이 사용하는 것이지 판매나 환불을 할 수 있는 물건이 아니게 된다.

만약 이를 저지 못 하고 물건의 포장이 뜯겼을 경우 판매원은 당신에게 사용하라고 권유할 것이다. 이때 화장품의 경우 스스로 얼굴에 바르게 되는데 잘 어울린다는 둥 이유를 대면서 당신의 사진을 찍을 것이다. 이 사진은 후에 구매자의 환불을 어렵게 만드는 증거가 된다. "판매원이 뜯었다."라는 이야기를 하면 판매원은 구매자가 스스로 자기 얼굴에 바르는 사진을 떡하니 내보이는 방법이다.

구매한 물건은 회사에 두지 말고 모두 가지고 나와야 한다. 물건이 많으니 필요할 때 필요한 양만큼 들고 가라는 판매원의 말에 속지 말아야 한다. 법적으로 당신의 물건이니 회사가 보관해야 할 이유가 없다. 이때 그만둘 것 같은 낌새보단 물건을 사겠다고 한 사람이 나타났으니 직접 판매해 보겠다고 하고 가지고 나오는 방법이 지혜로운 방법이다. 자신이 산 물건 목록, 영수증을 요청하고 확인하여 모두 가지고 나오는 것이 좋다.

다단계 판매원들이 개인의 물건을 회사에 두고 가게 하는 이유는 크게 두 가지다. 첫째로 교육을 가장하여 물건을 뜯어 환불을 어렵게 만들기 위해, 두 번째로 갑자기 그만두는 것을 견제하기 위해 실물을 회사에 보관하여 가지고 있는 것이다.

피해 방지 사후 대처법(2)

영수증, 물건, 통장, 신분증을 들고 판매원 몰래 환불 센터 찾아가기

환불 센터는 회사와 같은 건물에 있지 않고 대개 택시 추가요금이 몇 백 원 더 나오는 정도의 거리에 있는 경우가 많다. 구매하는 곳과 환불 센터가 있는 본사 건물이 떨어져 있는 이유는 환불을 요구하는 고객과 새로 호구가 될 사람을 분리시키기 위함이다.

영수증, 물건, 통장, 신분증을 들고 판매원 몰래 환불 센터를 찾아가서 환불을 받는 것도 좋은 사후 대처법 중 하나이다.

다단계 판매 사기와 부딪치는 경우 당당한 태도와 쉽게 당

하지 않는 사람임을 보여주는 것이 필요하다. 진짜 인신매매 조직 같은 무서운 조직이 아니라면 충분히 막아낼 수 있다. 그리고 실제는 한국에서는 조폭이라고 할지라도 영화에서나 볼 법한 잔인한 진짜 인신매매 조직 같은 조직은 없다고 보아도 된다. 그리고 항상 잊지 않아야 할 말은 '세상에 공짜는 없다.'이다.

3장

불법다단계
판매 체험 및
피해 사례

만화·드라마 속의
다단계 판매 사기 이야기

    만화 '검은 사기'에서 주인공의 가족들을 자살로 몰아간 사기는 폰지사기와 비슷하다. 이 만화에선 해당 사기를 '멀티'라고 부르는데 '멀티'는 일본에서는 주로 피라미드 사기의 호칭으로 사용된다.

    김은정 만화작가의 '무적 특수교' 1권에서 피라미가 처음 만난 룸메이트들을 다단계 판매 사기로 끌어들이려 한다. 쉬리와 새미는 거의 넘어갈 뻔했는데 은어가 "약 처먹고 실성했냐?"라며 슬리퍼로 주인공인 피라미를 후려치며 혼을 낸 덕분에 쉬리와 새미도 다단계 사기에 넘어가지 않는다. 주인공인 피라미는 잠자는 동안에도 수면학습을 한 덕에 아침에 일어나면 자기도 모르게 다단계 판매 기법을 달달 외우게 된다. 이렇게 훈련된 다단계 판매원들이 여러분을 대하게 되니 여러분들이 의외로 쉽게 넘어가는 것이다.

만화 검은 사기와 무적특수교 yes24.mrblue.com

소설 '벚꽃 지는 계절에 그대를 그리워하네'도 다단계 판매를 주요 소재로 다루고 있다.

소설 벚꽃 지는 계절에 그대를 그리워하네 yes24.com,
사채꾼 우시지마, illustmei.tistory.com

'사채꾼 우시지마'에는 다단계와 유사한 고가의 '마케팅 강의'로 수익을 올리는 에피소드가 소개되고 있다.

웹툰 '바다 이야기'의 주인공은 과거 다단계 판매를 한 경험이 있다. 물론 망했다. 작중에서 주인공이 불법 게임장에서 알바를 하는 이유도 다단계 때문에 진 빚을 갚으려고 하는 것이다.

웹툰 바다 이야기. bbs.ruliweb.com

2005년에 방영했던 SBS 드라마 '불량주부'에서 실직을 당하고 가정주부 노릇하던 전직 아마추어 복서 출신 남편 구수한(손창민)이 아내 최미나(신애라)에게 조금이나마 도움이 되고자 구한 일자리가 다단계 판매 사기업체이다. 이곳에 근무하던 중 구수한은 경찰 조사까지 받다 간신히 풀려나는 해프닝을 겪기도 한다.

김애란의 단편소설집『비행운』의 여러 소설 중 마지막 소설인 '서른'의 주인공 강수인이 소설 속에서 겪게 되는 사업들이 소위 '선진국형 신개념 네트워크 마케팅', 바로 다단계 판매이다. 단편집『비행운』의 소설들 전부가 꿈도 희망도 없는 사람들의 쓸쓸한 이야기들인데 '서른'은 특히 다단계로 무너지는 주변인과의 관계와 죄책감을 절실하게 보여 주는 작품이다.

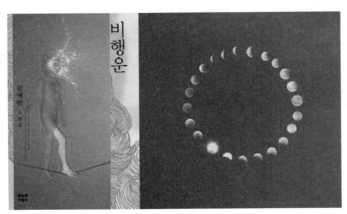

비행운. yes24.com

2부 **불법 다단계란 무엇인가?**

네이버 웹툰 '한섬세대'에서는 주인공인 한섬이 흥선군에게
수레와 말을 이용한다고 하여 지어진 '거마상', 당나라 때부
터 전해오던 계라는 뜻의 '다당계'라는 표현으로 다단계를 권
유하며 다단계 사업자본 융통을 위해 흥선군에게 자모전가(현
재의 대부업체와 유사)까지 소개해 주려는 장면이 등장한다. 물론 당
시에는 다단계가 없었으니 풍자적 표현이라고 보는 게 옳다.

한섬세대. m.blog.naver.com

　　네이버 웹툰 '연애의 정령'의 등장인물인 박수환과 육경열
은 학창시절 친구의 권유로 똑같은 다단계 판매회사에 걸려
들어, 강제 대출 받기 직전까지 갔다가 풀려나는 죽을 고생
을 한다.

연애의 정령.m.blog.naver.com

　　주호민 작가의 만화 '짬'에서는 군대 동기인 사람이 만나자
고 해서 만났는데 점심으로 햄버거를 사준 후 어떤 회사 건
물 앞에 데리고 가서 "자기만 알기에는 아까운 정보가 있다."
며 주인공에게 같이 올라가지고 말한다. 이때 주인공이 "이거
다단계 아냐?"라고 말하는데 군대 동기는 "무슨 소리야! 이
건 네트워크 마케팅"이라고 말한다. 이때 주인공은 "한 번 들
어 보기나 하자." 하고 독백하면서 군대 동기를 따라 올라간
다. 같이 간 사무실에서는 다이아 신분이라고 소개하는 사람
이 수입이 입금된 통장을 보여 주면서 한 달에 수백, 수 천만
원을 벌 수 있는 사업이라고 소개한다. 주인공은 "이런 뭔 개
소리야."라고 독백하면서 그 자리를 박차고 나오려는데 한 여

자가 다가와 다단계 판매 영업을 시작하려 한다. 이 때 주인
공은 자리에서 일어나 군대동기에게 "너. 다시는 연락하지 마
라."라고 하고 나오려는데 덩치 큰 남자들이 "그러지 마시고
얘기 좀 더 듣고 가시죠?"라고 하는 걸 무시하고 밖으로 나온
후 군대 동기의 전화번호를 삭제하고 연락을 끊어 버린다.

주호민작가의 만화 짬. yes24

넷플릭스에서 방영한 '제로 배팅 게임(Betting on Zero, 2017)'은
대표적인 세계적 다단계 판매 기업 허벌라이프의 잔혹한 판
매 방식과 그로 인한 피해자들의 고통과 이러한 희생을 바탕
으로 성장한 회사의 역사를 적나라하게 표현하는 다큐멘터
리이다. 또한 허벌라이프의 주식을 공매도하여 큰 이익을 얻

으려 시도하는 월스트리트 거물들과의 치열한 싸움도 소개하고 있다.

제로배팅게임. m.blog.naver.com

애니메이션 '마법소녀 마도카☆마기카 외전'의 주인공 미야비 시구레는 어머니가 다단계 사기로 보이는 사업에 빠져 고생하고 있는 모습을 보여 준다. 그러나 주인공은 그런 어머니를 미워하면서도 사랑스럽게 생각하고 있다. 그런데 더욱 놀라운 것은 어머니를 미워한다고 하면서 정작 주인공 본인도 사기 계약이나 마찬가지인 사업에 빠지고, 결국 사이비 종교 같은 단체에 들어가 버리는 것으로 묘사되고 있다. 다단계 판매 사기 수법이 정말 정교하다는 것을 잘 보여 주는 사례로서 이 수법에 걸려들면 쉽게 빠져나올 수 없다는 것을 경고하고 있다고도 할 수 있다.

마도카마키카 외전. namu.wiki

중사 케로로. namu.wiki

애니메이션 개구리 중사 케로로 4기 28화의 '제로로 너무 늘어나다?'를 보면 어린 시절의 등장인물 케로로, 기로로, 제로로가 같이 놀던 중 사람을 둘로 복제시키는 기계를 발견하게 되고 제로로가 들어가게 된다. 사물을 소지한 채로 들어갈 경우 소지한 사물도 둘로 늘어나게 된다는 걸 알게 된다. 배가 고파진 이들은 제로로가 가지고 있던 고구마 찹쌀떡을 무한정 늘리기 위해 제로로를 끝도 없이 기계 안으로 들어가게 한다. 그런데 나온 제로로와 나온 찹쌀떡의 수가 잘 맞지 않으니 새로 나오는 제로로가 그 위에 있는 제로로에게 찹쌀떡을 상납하고 계속 위에서 위로 상납시켜 결국 본인이 독식

하는 구조가 된다는 것이다. 불법 다단계 피라미드 사기를
풍자한 만화이다.

"선진국에서는 네트워크 마케팅(다단계, MLM)에 대한 인식이
좋은데 한국은 아직 발전을 못 해서 다단계를 나쁘게 본다."
라는 말을 다단계 판매를 권장하는 사람들이 자주 한다. 그
런데 사실 네트워크 마케팅에 대한 인식은 선진국이나 한국
이나 크게 다르지 않다. 과거 다단계 업체들이 피해자들을
낚고 자신들을 포장하기 위해 지겹도록 사용하던 레퍼토리
중 하나일 뿐이다.

BTS·뽀로로로 노인을 유혹하는
A업체의 르포기사 내용(발췌)

#1. 지난 20일 오후 2시 서울 선릉역 인근. 직장인 틈 속으로 노년층의 발걸음이 한 빌딩으로 향했다. 다단계 형태의 각종 코인 투자를 주선하는 A업체가 13층부터 15층까지 사용하는 곳이었다. 1층에서 엘리베이터 2대를 기다리는 사람도 내리는 사람도 모두 60~80대로 보였다. 양손에 쥔 장우산 2개를 지팡이 삼아 힘겹게 걷는 할머니도 있었다.

#2. 80대 여성 B씨가 기자에게 가까운 은행을 물었다. 120만 원(1계좌)을 이 업체에 투자했는데 240만 원을 더 넣으려 은행을 찾는다고 했다. 그는 주택청약통장을 해지해 돈을 마련했다. A업체가 어떤 매력이 있냐고 묻자 "그건 잘 모르겠고 1계좌를 만들면 1년 뒤 480만 원이 된다."라고 답했다.

기자라고 밝힌 뒤 "투자를 숙고해 달라."라고 권유하자 "자네도 얘기 듣고 한번 해 봐."라는 대답이 돌아왔다.

#3. B씨와 14층에 내려 5개 상담실 중 '리치클럽' 명패가 붙은 방으로 들어갔다. 박 지사장이라는 50대 여성이 기자를 맞았다. 그는 소개 자료집을 넘기면서 A업체는 콘텐츠, 부동산 사업 등으로 기반이 튼튼하고 △여행 코인 △박람회 코인 △의료 코인을 상장 준비 중이라고 설명했다. 박 지사장에 따르면 A업체 대표는 33개 코인을 상장시킨 가상화폐 전문가였다.

#4. A업체에 대한 의심이 굳어진 건 '방탄소년단'과 '뽀로로' 단어 때문이었다. 박 지사장은 "방탄소년단을 활용한 디스커버 서울패스에 100억 원을 투자했다."고 강조했다. 서울관광재단이 주관하는 디스커버 서울패스는 외국인이 서울의 주요 관광시설을 일정 기간 이용할 수 있는 카드다. 그는 중국 인터넷방송 사업자와 애니메이션 뽀로로의 중국 방송 송출 계약도 맺었다고 했다.

하지만 그의 말은 모두 거짓이었다. 서울관광재단과 뽀로로 제작사인 아이코닉스에 확인해 보니 모두 A업체와 무관하다고 손사래 쳤다. 서울관광재단은 "지난달 이 업체에 내용증명을 보냈고, 방탄소년단 디스커버 서울패스를 홍보에 활용하지 않겠다는 약속도 받았다."고 밝혔다.

#5. 박 지사장은 "투자비로 1계좌를 만들면 1주에 10만 원씩 48주 동안 꼬박꼬박 입금된다."라고 설명을 마쳤다. 박 지사장이 "1명을 소개하면 한 달에 10만 원씩 1년 동안 지급한다."고 덧붙이자 B씨가 불쑥 "계약서를 쓰고 가라."면서 박 지사장보다 더 적극적으로 투자를 유도했다.

#6. B씨를 뿌리치고 나와 다른 층을 훑어봤다. 3개 층에 모인 노인을 모두 더하면 60명은 족히 돼 보였다. A업체를 빠져나오면서 만난 다른 80대 여성 C씨는 이미 다단계로 3,000만 원이 물린 상태였다. 그는 "집에만 있으면 심심해서 나왔고 여기 있는 사람 다 나 같을 것"이라며 "의심만큼 믿음도 필요한데 여기는 신뢰가 간다."라고 말했다. 이 업체 대표인 D씨는 다단계 사기업체라는 일각의 지적에 대한 입장을 묻자 대답을 피했다.

불법 다단계, 꼬리에 꼬리를 무는 사기극?(기사 발췌)

#1. 꼬리에 꼬리를 무는 사이비 다단계? 어제, 오늘 일이 아니다. 불황에 자주 등장하는 불법 다단계의 현주소는? 태양광 충전만으로 움직이는 전동장치를 개발했다고 속여 투자자 수천 명을 상대로 불법 다단계 영업을 벌인 일당이 경찰에 붙잡혔다. 서울 동작경찰서는 방문판매 등에 관한 법률 위반 혐의로 H기술회사 대표 50대 최 모씨 등 7명을 불구속 입건했다고 22일 밝혔다. 경찰에 따르면 최 씨 등은 지난해 4월부터 무등록 다단계 영업에 일반인 2700여 명을 끌어들인 후 투자금 명목으로 300억 원 상당을 가로챈 혐의를 받고 있다. 조사 결과 이들은 회사가 주식 상장을 하면 수십 배의 이익이 난다거나 판매금 가운데 일정액을 돌려주겠다는 등 수법으로 투자자를 늘려갔다. 의심하는 투자자가 있으면 경

기 포천에 공장 설비를 갖췄다며 미리 꾸며둔 자료를 보여줘 안심시켰다.

경찰 관계자는 "아직 수사 중인 사건으로 앞으로 범행에 가담한 인원이 2~3명 더 늘어날 수 있다"고 말했다.

#2. YTN 보도에 따르면, 경기도 평택에 살고 있는 40대 주부 김나영 씨, 사랑하는 남편과 아이와 함께 소박하지만 평범한 일상을 보내던 김 씨에게 청천벽력 같은 소식이 전해진 건 지난 4월이었다. 일명 '백테크 다단계 사기 사건'이었다. 부동산 등에 투자할 펀드에 돈을 맡기면 고수익을 얻을 수 있을 거란 생각에 시작한 장밋빛 재테크의 꿈이 하루아침에 물거품이 된 것이다. 약간의 여윳돈을 조금이나마 불려볼 수 없을까 고민 중이던 김 씨가 인터넷 검색에서 찾아낸 한 재테크 방법에 유독 눈이 갔다고 한다.

김나영 백테크 다단계 피해자는 "제가 퇴직금 받은 거랑 남편이 벌어온 돈을 요즘 은행 금리가 낮다 보니까 어떻게 굴릴까 고민하다가 인터넷을 검색하게 됐어요. 재무 설계를 받아야겠다고 하고 있을 때 엄청 홍보를 많이 했거든요." 터

무늬없는 투자가 아니라 실물도 확인할 수 있고, 누가 들어도 알만한 사업에 투자를 하는 것이라고 하였기 때문에 김 씨는 큰 걱정을 하지 않았다고 한다. "사람들이 허구만 말하면 안 믿으니까 교묘하게 우리가 볼 수 있는 실물도 몇 개 보여주었던 거예요." 평소 꼼꼼하기로 소문난 김 씨가 처음부터 의심을 해보지 않았던 건 아니었다. 하지만, 직접 발품을 팔아 이것저것 따져보고, 많은 정보도 알아본 후 결정했던 선택이었지만 실패하고 말았다.

김나영 백테크 다단계 피해자는 "잘 몰라서 재차 질문을 드렸죠. 설명을 해주셨고 가시고 나서도 잘 모르는 건 인터넷으로 찾아봤어요." 또, 유명인까지 나온 케이블 TV 프로그램에서 관련 내용이 등장한 뒤로는 의심을 완벽하게 버리게 됐다고 한다.

"개그맨 붐 씨가 나오는 뇌섹남인가 이런 프로그램을 매주 방영을 했어요. 거기에 실제로 그 백테크 소속의 코치라는 사람이 나와서 엄청 수재이고, 재테크의 귀재인 양 나와서..." 결국 교묘한 다단계 사기 수법에 속았다는 것이다.

결국, 김 씨는 자신이 갖고 있던 종잣돈은 물론 가족과 친척들의 돈까지 억대 자금을 끌어다 투자에 나섰다. "제가 넣은 거 말고도 아는 지인을 소개해줘서 들어간 돈도 별개로 있어요. 사실 그렇게 따지면 저도 한 3억 넘는 돈이 저로 인해서…"라고 말끝을 흐린다.

그러나 김 씨의 단꿈이 깨지는 데는 채 몇 달이 걸리지 않았다. 사기 행각을 벌인 주범이 구속되면서 업체는 사실상 사라졌고, 투자금도 날아가 버렸다.

"사실 사기꾼들이 조금만 기다리면 돈을 주겠다고 얘기했었거든요. 구속되기 3일 전까지만 해도 그런 얘길 했어요. 가만히 있으면 해줄 거라고. 삶을 다 도둑맞은 것 같아요." 김나영 피해자의 독백이다.

#3. 김성중 익산성장포럼대표의 글에서

억울한 일을 상담하는 행정사를 개업한 지 어느덧 1년이 훌쩍 넘었다. 상담을 위해 찾아오시는 분들 중에 일확천금을 꿈꿨던 분들이 많은 것을 보니 우리 익산이 어렵기는 어려운 모양이다. 많은 시민들이 고통스럽고 값비싼 수업료를 치르고 나서야 깨닫는 '피라미드 사기', 과연 이대로 당할 수밖에 없는 것일까?

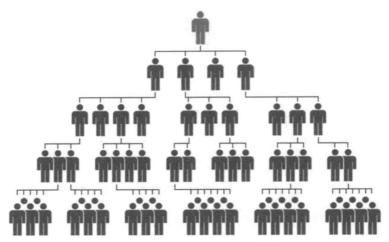

다단계 판매의 판매수당 피라미드 (예)

2500년 전 돈이 발명된 이후, 사기꾼들은 선량한 사람들을 이용해 자기 잇속을 챙겨왔다. 흥미로운 점은 사기 수법이 지난 100년 동안 별로 변하지 않았다는 점이다. 1900년대 초에 찰스 폰지(Charles Ponzi)가 피라미드 사기를 고안한 이후 형태와 방식은 다를지언정 남을 쉽게 믿는 사람들을 현혹시키는 다양한 피라미드 사기가 전 세계에서 끊임없이 등장하고 사라졌다.

2부 불법 다단계란 무엇인가?

사기꾼들은 피라미드 사기를 이용하여 사람들의 근본적인 탐욕과 큰돈을 빨리 벌고 싶어 하는 마음을 자극한다. 피라미드 사기는 아무런 의심을 받지 않을 만큼 교묘하고 복잡하며 유혹적인 것이 특징이다.

피라미드 사기는 크게 두 축을 중심으로 펼쳐진다.

첫째, 지역에서 잘 알려져 있으면서 신뢰받는 사람들을 판매 대리인으로 고용한다. 이들의 인지도를 활용하여 피라미드 조직의 신뢰성을 높이고 투자자들을 쉽게 끌어온다. 여기에 정치인 등 공신력이 있는 인물들의 방문을 유도하여 조직의 신뢰성을 배가시키는 방법을 동원하기도 한다.

둘째, 가족, 친인척, 친구, 직장동료, 동호회 등 긴밀한 관계에 있거나 폭넓은 대인관계를 가진 사람들을 피라미드 사기에 끌어들인다. 이들은 판매 대리인을 자신의 이웃처럼 생각하게 되고 그들의 말을 대중매체에서나 은행직원이 하는 말보다 더 믿게 된다.

이러한 두 중심축을 통해 특별한 노력 없이도 손쉽게 성공하는 사업이라는 소문이 우후죽순처럼 퍼져나가며 피라미드 사기는 초반에 성공 가도를 달리게 된다. 그러나 피라미드 회사 내에서 흐르던 돈이 바깥으로 새어 나가거나 규제 당국이 수상한 낌새를 알아차리고 조사를 시작하게 될 때가 되면 상황이 악화되기 시작한다. 대부분의 피해자들이 막대한 돈을 날렸지만 피라미드 사기에 투자한 사람들 모두가 피해를 입는 것은 아니다. 초기에 뛰어들어 투자금과 수익금을 벌어들이고 신규 자금이 계속해서 유입될 때 발을 뺀 덕분에 재미를 보는 투자자들도 있다.

그렇다면 '이러한 범죄자들에게 속은 피해자들은 전혀 책임이 없는 것인가?' 물론, 그렇지 않다. 만일 피해자들이 현실성을 점검해 보고 몇 가지 중요한 질문을 스스로에게 던져보았다면 나중에 땅을 치고 후회할 일들을 피할 수 있었기 때문이다. 지금부터라도 누군가가 고수익을 올릴 수 있는 사업기회를 제안한다면 다음 세 가지 항목을 반드시 유념해 주시길 권한다.

첫째, 고수익이 어떻게 창출되는지를 확인해야 한다. 그들이 제안하는 투자 방식이 고수익을 보장한다면 왜 다른 자산

관리 업체들이나 은행들이 그 투자기법을 활용하지 않는지를 알아보아야 한다. 이와 관련하여 투자와 수익에 적용되는 세금 방식도 확인할 필요가 있다.

둘째, 회사의 소유주와 그들의 배경에 대하여 확인해야 한다. 그들의 교육수준, 경력, 신용등급은 물론이고 가능하다면 전과까지도 확인해야 한다. 가장 최근에 작성된 감사보고서를 담당 회계 법인에 직접 연락하여 확인하고 주거래 은행은 어디인지와 투자자산을 독립적인 제3의 수탁회사에서 관리하는지도 따져보아야 한다.

셋째, 판매 대리인이 시일이 촉박하다며 결정을 빨리 하라고 조르면서 지나치게 적극적이면 반드시 조심할 필요가 있다. 사기꾼들은 늘 서두르는 경향이 있으므로 한 박자 쉬어가는 여유가 필요한 것이다.

위대한 투자자로 일컬어지는 세계적인 거부 워렌 버핏(Warren Buffet)도 100~400%의 이익을 약속하는 치명적인 매력을 가진 투자펀드나 헤지펀드에는 절대로 투자하지 않는다고 한다. 워렌 버핏도 10~20%의 수익률에 만족하고 있는데도 금융 쪽으로 아마추어나 다름없는 사기꾼들이 이 투자의 귀재보다 더 큰 수익을 얻게 해준다는 말이 과연 타당성이 있겠는가?

사기꾼들의 세상에서 많은 사람들이 고통스럽고 값비싼 수업료를 치르고 나서야 '내가 속았구나!'라고 깨닫는다. 그러므로 우리 시민들이 이들의 먹잇감이 되지 않으려면 무엇보다도 투자의 기본 원칙을 가슴 깊이 새기고 경계하는 것만이 상책이다. 너무 좋아 꿈같다면 가짜다.

다단계판매
체험사례1(발췌)

　　며칠 전 이틀 사이에 서로 다른 친구로부터 초청을 받고 모임에 나갔다. 1년 가까이 못 만나보던 친구들이라 식사나 같이 하자고 해서 반가운 마음에 무심히 나갔다가 점심은 잘 대접받았지만 다단계 사업 교육을 받고 왔다. 처음에는 한 시간 정도 하는 강의라고 하더니 두 시간도 넘었고 속은 기분이 들었다. 두 번째 만남은 아예 친구의 설명을 서둘러 막고 돌아오면서 오랜만에 오는 연락을 삼가서 받아야겠다고 다짐했다. 다단계는 연고사업이라서 그렇다고 한다. 그게 정당화될 수 있는 말인가. 가족과 친구와 친지와 선후배와 직장 동료를 파먹는 게 연고사업이라고 하면 지나친 말 아닐까.

　　그러고 보니 그동안 그런 사업장에 가 본 것도 여러 번 된다. 그리고 유심히 보면 서로 공통점이 있다. 그들은 자신들의 사업은 다단계, 피라미드가 아니라고 하거나 네트워크가 아니라고 한다. 유사한 다른 업체는 다단계나 피라미드나 네트워크가 맞지만 자기네는 아니라고 한다. 이런 말을 강의 초반에 한다. 여기서 경계심을 보이는 자들은 사업에 동참하지 않게 되고 그렇지 않으면 어쩌면 사업에 동참할 수도 있게 될 것이다.

라인을 말하고 직급을 말하고 보상플랜을 말하면서 다단계하는 자들은 자신이 피라미드가 아니라고 하고, 피라미드를 하는 자들은 네크워크가 아니라고 하고 네트워크를 하는 자들은 다단계가 아니라고 하는 식이다. 이런 말 돌리기에 무심히 빠져드는 자들을 보면 이해가 잘 되지 않는다. 다 그게 그거고 마찬가지 아닌가. 자신이 사업자가 되어 하위 직급자가 판매한 이익금 중 일부를 상급자인 본인에게 귀속시키게 하는데 무엇이 다른가. 그리고 그런 메리트에 속아 사업자가 되고 평생연금에 준하는 소득 환상에 젖는 게 아니겠는가.

용어의 문제는 그렇다 치고 다단계 사업이란 사업으로서

치명적 약점이 있는데 소위 식자들이란 자들이 경계하지 않는 게 참으로 이해가 안 된다. 사회적 경험과 고급 지식의 핵심은 비판의식의 생성인데 다단계에 쉽게 무장해제 되는 걸 보면서 그들의 경험과 고급 지식도 별게 아닌 게 아닌가 하는 생각이 든다.

다단계 판매에서 다른 치명적 약점 하나는 사업자가 두 명 혹은 세 명을 후속사업자로 끌어들이고 그 후속사업자가 또 그렇게 차후기 사업자를 끌어들인다고 할 때 최종적으로 사업자의 지위를 획득하는 자는 더 이상 후속사업자를 끌어들일 수 없게 되는 것이다. 그 최종사업자에게 사업자의 지위를 부여한 자는 그를 속인 것이다. 이는 다단계이건 피라미드건 네트워크건 모두 해당된다. 후속사업자를 속이는 사업이 정당화될 수 있는가.

다단계 판매의 또 다른 치명적 약점 하나는 상품 판매권의 존재이다. 상품이나 용역은 등가교환이 대원칙이다. 다시 말해 100원짜리 상품을 A가 팔고 B가 샀다고 할 때, A는 상품을 판 거지 그 이상의 무엇을 판 게 아니고 B도 그 이상의 것을 산 게 아니다. 만일에 상품 판매권을 팔거나 사려면 별도의 권리 판매 계약을 맺어야 한다. 상품 판매와 상품 판매권이라는 권리 판매가 동시에 각각 이루어지는 것이다. 다단계판매를 보면 상품과 상품 판매권이라는 권리를 분리시키지 않고 동시에 팔고 있다.

강의를 들어 보면 상품 강의 비중은 대략 10% 정도이고 대부분은 권리 판매에 할애한다. 수강생들도 그 부분에 관심을 기울이지 상품에 대한 관심은 적당히 하고 만다. 그런데 이렇게 강의를 집중하고 또 관심을 기울이는 권리 판매에 대해서는 아무런 가격이 붙어있지 않다. 예를 들어 상품 100원짜리를 팔 때 권리는 그냥 끼워준다고 한다. 그래서 그 권리에 대해서는 가격이 붙어있지 않다. 상품과 권리라는 용역을 동시에 팔면서 상품에만 가격이 매겨져 있다는 게 정상일까. 강의가 집중되고 관심이 집중되는 상품 판매권에 대해 아무런 가격도 매기지 않고 그냥 준다고 하니 경계심도 없이 덥석덥석 무는 모습들이라니.

상품 가격이 어떻게 매겨지건 간에 권리에 대해 가격을 매기지 않고 그냥 준다는 것이 사람들에게 환상을 심어주는 핵심이다. 그리고 그 권리를 행사하기 위해 시간과 노력을 들이고 오래된 친구들을 불러내 밥 사주고 차 사주고 하면서 평생연금의 환상에 젖어드는 것이다.

나는 사회의 지도층에 있던 자들이 공짜처럼 주는 상품 판매권을 얻으려고 부나비처럼 뛰어드는 것을 보면서 튼튼하게 상식이 뿌리내리지 못한 우리 사회의 한 단면을 보는 것만 같아 씁쓸하기 그지없다.

공정거래위원회에서 다단계 사업을 합법 다단계와 불법 다단계로 나누는 경우가 있는데 나는 어떤 경우에도 이상에서 지적한 두 가지 치명적 약점을 해소치 못하고 있다고 보기 때문에 모두 정당성을 결여하고 있다고 본다. 다시 한번 말하지만 어느 것이건 최종 사업자는 후속사업자를 끌어들일 수 없다는 데서 그를 속인 것이고, 또 상품 판매권이라는 권리를 공짜로 주면서 준 평생연금의 환상마저 심어주고 그를 속인 것이다.

가상화폐
사기 피해 기사(발췌)

#1. 가상화폐 광풍을 틈타 각종 코인을 앞세운 사기가 기승을 부리고 있다. 최근에는 코인 값 급락으로 20, 30대 중심의 투자 실패 사례가 주로 부각되고 있지만, 아예 처음부터 피해를 예고하는 '코인사기'도 적지 않다. 경찰청에 따르면, 지난해 가상화폐 관련사기 적발 건수는 333건으로 전년보다 3배 넘게 늘었다.

특히 60~80대 피해자가 많은 코인사기는 대부분 '폰지 사기' 형태다. 고수익 보장을 미끼로 유인한 신규 투자자의 투자금으로 기존 투자자에게 줄 이자나 배당금을 돌려 막는 다단계 사기다. A업체처럼 세상에 없는 코인을 가상화폐 거래소에 상장할 것처럼 속이는 사례뿐 아니라 실제 상장된 코인으로 사기를 치는 경우도 있다. 코인 사기가 가상화폐 거래소 안에서도 밖에서도 먹잇감을 노리면서 횡행하고 있다는 의미다.

#2. 대전에 사는 60대 남성 E씨는 상장 코인으로 피해를 봤다. 그는 지난해 교회 목사를 통해 상장 코인을 소개받았다. 다단계 상위 모집책이 E씨에게만 저렴하게 이 코인을 팔겠다고 유혹했다. 상위 모집책은 1년 뒤 코인을 매도해야 한다는 '락업 조항'을 조건으로 제시했다.

하지만 락업이 풀린 직후, 코인은 헐값이 돼 팔아도 큰 손해를 볼 수밖에 없는 상황이었다. 자신처럼 1년을 기다렸다가 코인을 내놓은 사람이 한꺼번에 몰렸기 때문이다.

#3. 코인 사기가 활개칠 수 있는 이유는 크게 두 가지다. 우선 다단계 사기 수사가 더딘 점을 악용한다. 다단계 사기는 피해자가 피해 사실을 자각할 때까지 시간이 걸린다고 알려져 있다. 피해자가 언젠가 목돈을 만질 수 있다는 기대를 부여잡고 있어 수사에 비협조적이기 때문이다.

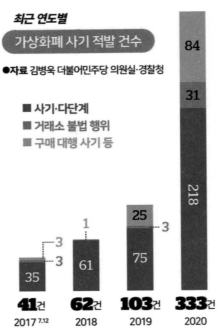

최근 연도별

가상화폐 사기 적발 건수

●자료 김병욱 더불어민주당 의원실·경찰청

■ 사기·다단계
■ 거래소 불법 행위
■ 구매 대행 사기 등

84

31

218

1

25

3

3

3

35

61

75

41건

62건

103건

333건

2017 7.12

2018

2019

2020

연도별 가상화폐 사기 적발건수

#4. 수사 속도가 더 빠른 유사수신행위 혐의는 코인의 법적 정의가 명확하지 않아 적용이 어렵다. 현행법상 원금 및 고수익 보장을 내건 업체는 유사수신행위로 처벌받는다. 하지만 금전이 아닌 코인을 주고받았을 경우 처벌 여부는 구체적인 기준이 아직 없다. 이런 제도상 구멍은 정보에 뒤처진 60~80대를 속이기 딱 좋은 여건을 만들어냈다.

#5. 다단계 코인 업체 문제를 연구하기 시작한 황승익 한

2부 불법 다단계란 무엇인가?

국 NFC 대표는 "과거 옥장판을 팔던 다단계 업체가 종목만 바꿔 코인으로 넘어왔다고 보면 된다."며 "노인층을 파고드는데 보이스 피싱처럼 코인도 사기 유형을 꾸준히 알려 초기에 잡아내야 한다."고 말했다.

유사수신·투자사기 피해 사례

#1. 최근 부동산 침체와 금리 인하 등으로 인해 고수익의 투자처를 찾는 투자자들에게 "원금과 수익을 동시에 보장하는 상품이 있다.", "○○ 사업에 투자하면 연 12% ~ 30% 수익을 보장한다."는 내용으로 유혹하며 투자자를 모으는 업체들이 증가하고 있다.

그러나 이들 상당수는 정식으로 등록절차를 거치지 않은 업체로 이에 속은 선의의 투자자들은 투자금을 반환받지 못하는 이른바 '유사수신행위'의 피해를 입을 가능성이 높으니 주의가 요구된다.

#2. '유사수신행위의 규제에 관한 법률'상 '유사수신행위'

의 정의는 다음과 같다. △장래에 출자금의 전액 또는 이를 초과하는 금액을 지급할 것을 약정하고 출자금을 받는 행위 △장래에 원금 이상의 금액을 지급할 것을 약정하고 예금·적금·부금·예탁금 등의 명목으로 금전을 수취하는 행위 △장래에 발행가액 또는 매출가액 이상으로 재매입할 것을 약정하고 사채를 발행하거나 매출하는 행위 △장래의 손실을 금전이나 유가증권으로 보전해 줄 것을 약정하고 회비 등의 명목으로 금전을 받는 행위다.

이러한 유사수신행위를 하는 '유사수신업체'의 특징은 제도권 금융회사가 아님에도 은행 이름을 빌려 합법적 금융회사로 사칭하고 "가상통화 채굴·투자, 파생상품, 부동산 개발에 투자된다."라는 등의 변명으로 원금보장이 되면서도 시중금리보다 고율의 연 수익 또는 일 단위 지급액을 약속한다는 거짓말을 한다.투자자들의 대부분은 투자설명회, 지인회유로 모집되며 유사수신행위 사업방식은 피라미드식 다단계 돌려막기로 운영되는데 신규 가입자의 돈으로 기존 가입자에게 수익금을 지급하다가 추가 모집이 어려워지면 잠적하고 폐업하거나 도주하고 투자자들은 피해를 입게 된다.

#3. 이런 유사수신행위로부터 자신을 지키려면 어떻게 해야 할까?

첫째, 일단 의심해 봐야 한다. 지나친 고수익과 원금보장을 약속할 경우 투자처가 제도권 금융회사인지, 투자 권유자가 등록된 금융 투자 전문 인력인지 확인하는 것은 필수다. 지급 확약서 및 보증서에 현혹되어선 안 된다.

둘째, 투자 전 금융감독원에서 운영하는 불법사금융신고센터(전화 1332)에 문의해 보는 것이다. 금융감독원에서 불법금융 파파라치 포상 제도를 실시하고 있다.

셋째, 피해를 입은 경우 즉시 신고하자. 지체 말고 경찰 신고 또는 금융감독원 불법사금융신고센터에 제보해 유사수신에 해당하는지 판단 후 수사의뢰를 할 수 있다.

원금보장과 고수익은 공존할 수 없다. 새로운 투자방식이 아닌 실상은 수익모델이 분명치 아니한 허상이다. 가장 중요한 원칙은 투자자 본인이 객관적으로 분석하고 의심하고 판단하는 것이다.

현재 경찰은 서민을 불신, 불행, 불안하게 만드는 3불사기 근절 대책을 추진 중으로, 위와 같은 금융사기를 비롯하여 피싱사기, 생활사기 근절에 선제적이고 적극적인 대응 중으로 서민경제 보호 최일선에서 활동하고 있다.

유사수신·투자사기 피해 사례(기사 발췌)
(출처 www. newstomato.com)

"주식투자 정보이용료요? 선결제요? 서비스요금 없습니다. 보증금 내고 다시 찾아가세요."

지난 3월 자주 가던 인터넷 주식투자 카페에서 흥미 있는 광고를 접했다. 호기심에 상담원과 통화해 보았다. 보증금을 맡겨놓고 일정 기간 자문료로 운용한 후에 보증금을 다시 찾을 수 있다고 했다. 원금이 보장된다는 얘기다. 수익이 나면 일정 비율만큼만 회사에 주면 된다고 했다. 솔깃했다. 대부분 서비스 이용료를 결제하는 식인데, 따로 요금을 받지 않고 수익금을 배분하는 방식에 믿음이 생겼다. 회사의 자신감이 느껴졌다.

보증금액에 따라 회사와 분배방식이 달랐다. 고액을 투자할수록 투자자 몫이 컸다. 1000만 원대까지 상품이 있었지만 300만 원으로 시작해 보기로 했다. 300만 원 보증금으로 투자자문에 따라 발생한 수익금을 '투자자 7 대 회사 3'의 비율로 나누는 계약서를 썼다. 300만 원의 보증금은 계약 종료 후 전액 반환된다는 점이 계약서에 명시돼 있었다. 안심했다.

6개월간 투자한 후 30만 원의 수익금이 발생했다. 10% 수익인 셈이다. 계약서에는 계약기간이 끝나면 수익과 보증금이 자동으로 반환된다고 적혀 있었으니까 보증금 300만 원과 수익금 30만 원의 70%에 해당하는 21만 원까지 총 321만 원이 계좌에 들어와야 했다. 한 달이 지나도록 감감무소식이었다. 사이트에 등록된 번호로 계속 전화를 걸었다. 아예 통화가 되지 않았다.

사이트에는 금융감독원 표시도 있었다. 인증을 받은 곳이 아닐까 생각했다. 홈페이지의 수익률 게시판에는 수익이 난 종목만 나와 있고 손실이 발생한 내용은 없다. 가입 당시에는 금감원 인증 표시에, 수익금 배분, 수익을 낸 종목까지 모두 대단하게만 보였다. 하지만 회사가 내세웠던 것 무엇 하나 믿을 만한 게 없다는 걸 뒤늦게 깨달았다. 모두 사기였다.

유사투자자문, 이렇습니다

▶ 보증금 같은 금전 예탁은
   자본시장법상 불건전 행위
▶ 수익률 근거 따지고 분쟁 대비해
   신용카드 결제해야

유사투자 자문 행위

유사투자자문업자들의 영업행태에서 보증금을 요구하는 경우도 생기고 있다. 위와 같은 행위에 대해 금감원은 "유사투자자문업자가 보증금 명목으로 금전을 예탁 받는 행위는 자본시장법상 불건전 영업행위에 해당할 소지가 있어 서비스 이용에 대한 비용 외의 금전을 요구하는 경우 투자자들의 각별한 주의가 요망된다"고 말했다.

투자자가 오해할 소지가 있는 표시 및 광고행위를 할 경우 표시·광고의 공정화에 관한 법률 위반에 해당된다. 근거가 불명확한 수익률 또는 종목적중률 등을 제시하거나, 홈페이지 등에 사실과 다른 내용을 허위로 기재하는 것은 불법이다. 소비자들은 이 부분을 주의해야 한다.

금감원 관계자는 "최근 유사투자자문업자가 객관적인 근거 없이 제시한 수익률만 믿고 서비스를 이용했다가 손해를 봤다는 피해사례가 많이 발생하고 있다"면서 "투자자는 유사투자자문업자가 제시하는 수익률 산출 근거가 타당한 것인지 의심해볼 필요가 있다"고 강조했다.

한국소비자원에서는 높은 투자수익률에 현혹되지 말고 계약내용을 꼼꼼히 살펴야 한다고 조언한다. 특히 폐업 등 서비스 불이행에 대비해 가급적 신용카드로 할부 결제할 것을 당부했다.

[뉴스토마토 이보라 기자]

암호화폐 투자
유행 사례 기사 (발췌)

#1. 대학 졸업 이후 공부방을 차려 과외를 하던 A⁽⁴²⁾씨는 최근 암호화폐 전업투자자로 변신했다. 수십 년 동안 운영해 오던 공부방을 접고 암호화폐 전문 투자자로 나선 것이다. A씨는 주위의 지인으로부터 "비트코인에 투자해 A씨가 수십 년 간 공부방을 통해 번 돈만큼을 몇 달 만에 벌었다"는 얘기를 듣고 암호화폐 전문 투자자로 나서기로 했다. "공부도 꽤 많이 한 편이라 최근 수익률이 나쁘지 않다"고 말했다.

비트코인은 1달러(천 원)에서 1천, 2천만 원까지 급등했다가 다시 300만 원대로 급락했다가 다시 1,000만 원대를 회복하는 등 실체가 없는 비트코인이지만 최근 5천만 원대의 가격이 회복되는 추세이다. 불법 다단계업을 하는 사람들도 비트코인 판에 뛰어들고 있다. 이제 정체불명의 암호화폐에 투자하려는 사람들이 늘어나면서 그 피해 또한 기하급수적으로 늘어나고 있는 추세다. 한마디로 코인의 반란이다.

#2. 투기성을 우려하던 직장인들부터 전업주부들까지 조금씩 가상화폐의 투자에 가세하는 움직임을 보이고 있다. 실제 국내 하루 암호화폐 거래량은 지난 5월 1조 8,050억 원으로 전월 대비 49% 급증했다. 이는 국내 암호화폐 거래소 가운데 규모가 큰 빗썸, 업비트, 코인원, 코빗, 코인빗, 코인제스트, 캐셔레스트 등 7개 거래소의 거래량을 전부 합한 금액이다.

암호화폐 거래를 위해 거래소에 가입하는 신규 고객도 늘고 있다. A거래소의 경우 신규 가입고객이 하루 500명 수준이던 것이 1,000명으로 두 배 이상 급증했다. 가입한 지 오래돼 휴면상태가 된 거래계좌를 다시 살리려는 문의도 폭증하고 있는 것으로 알려졌다. B거래소가 고객들을 상대로 설문 조사한 결과 20·30대 고객이 전체의 70%를 차지했고, 40대는 20%를 차지했다. 50대 이상도 10%를 차지했다. 암호화폐 거래소의 한 관계자는 "가입고객의 비중은 20~30대가 압도적으로 많지만, 투자금액은 40대가 1인당 평균 900만 원 정도로 가장 많다"며 "최근에 비트코인 가격이 상승하면서 암호화폐 투자에 관심을 갖는 사람들이 늘어나는 것은 분명한 것 같다"고 말했다.

#4. 강남의 한 아파트에는 전업주부들끼리 암호화폐 정보를 공유하는 스터디 모임도 있는 것으로 알려졌다. 주부 B(40)씨는 "아파트 주부 커뮤니티에서 암호화폐 투자 관련 얘기들이 심심찮게 나오고 있다"며 "일부 지인은 새벽에도 일어나 시세를 체크할 정도로 관심을 보이고 있다"고 말했다. 직장인 C(36)씨는 "주위 사람 중에 지금 암호화폐에 투자해놓으면 대박이 날 수 있다고 얘기하는 사람이 많다"며 "암호화폐 투자를 통해 짭짤한 수익률을 올린 친구도 있다"고 전했다.

인터넷 등에서는 암호화폐 투자 관련 카페가 늘고 있는 것으로 알려졌다. 암호화폐의 정보를 얻기 위해 최근 한 암호화폐 관련 커뮤니티에 가입한 임 모(42)씨는 "비트코인이나 이더리움 등 주요 암호화폐 가격이 오른 만큼 시장에 잘 알려져 있지 않은 암호화폐도 가격이 상승할 수 있다는 얘기가 들리고 있다"면서 "다양한 투자 정보를 듣기 위해 여러 사이트를 돌아다니고 있다"고 말했다. 임 씨는 "주식시장과 달리 새벽에도 가격이 급등락하기 때문에 밤낮을 가리지 않고 스마트폰만 쳐다보며 잠을 설치는 게 예사"라고 덧붙였다.

#5. 글로벌 암호화폐 시장의 자금 유입도 눈에 띄게 늘었다. 글로벌 시장에서 총 암호화폐 하루 거래량은 4월 기준 63조 원에서 5월 기준 128조 원으로 두 배나 급증했다. 정부가 국내 암호화폐 거래 규제를 풀지 않으면서 해외 거래소를 통한 거래도 늘고 있는 것으로 전해졌다. 국내 암호화폐 거래소의 한 관계자는 "정부가 국내에서 거래를 규제하다 보니 외국 거래소에서 거래하는 고객들도 많아졌다"며 "한국이 거래량 1위였지만 지금은 글로벌 거래량의 3% 비중으로 22위에 그치고 있다"고 전했다. 대부분 해외 거래소를 통해 암호화폐를 거래하고 있다는 것이다.

#6. 국내 암호화폐 시장이 다시 과열 움직임을 보이자 정부의 대응도 빨라지고 있다. 정부는 지난달 말 국무조정실 주재로 기획재정부·법무부·금융위원회 관계자가 참석한 가운데 암호화폐 관련 긴급 시장동향 점검회의를 열어 "시세상승에 편승한 사·다단계 등 불법행위는 엄정 단속하고, 투

기적 수요와 국내외 규제환경 변화 등에 따라 가격이 큰 폭으로 변동해 큰 손실이 발생할 수 있다"고 공개 경고했다.

암호화폐 업체 관계자는 "유명하지 않은 코인일수록 일부 세력이 확인되지 않은 각종 정보를 통해 개인 투자자를 끌어 모은 뒤 시세차익을 거두고 빠져나가는 '장난질'을 칠 가능성이 높다"면서 "가격이 급등하는 소수 사례만 보고 섣불리 투자해서는 안 된다"고 조언하고 있다.

코인의
반란

1장

코인의 탄생과
탄생배경

금융위기 속에 탄생한
비트코인

2008년 9월 15일, 자본의 탐욕이 만들어낸 투기 버블이 터지던 날, 세계 4대 투자은행 가운데 두 개가 침몰해 세계를 경악과 공포 속으로 몰아넣었다. 리먼 브라더스가 파산신청을 냈으며 메릴린치가 뱅크오브아메리카에 팔린 날이다. 이를 기점으로 예금주들이 은행을 못 믿고, 은행이 은행을 못 믿는 신용위기의 공포가 세상을 덮치며 전 세계가 글로벌 금융위기 속으로 빠져들어 갔다.

그로부터 3개월여 뒤인 2009년 1월 3일 비트코인이 탄생했다.

1990년대 초부터 정부나 중앙기관으로부터 개인의 프라이버시를 지키려는 '사이퍼펑크 운동'에 가담한 암호학자들이 있었다. 그들은 돈거래에도 개인의 프라이버시가 존중되어야 한다고 믿었다. 그 일환으로 그들은 익명성이 보장되는 암호화폐를 개발하고 있었다.

서로를 못 믿어 돈이 돌지 않는 신용위기를 맞자 암호학자들은 개발하고 있던 암호화폐 발표 계획을 더 이상 미룰 수 없다고 보았다. 그들은 현대 통화제도의 모순과 금융자본주의의 적폐를 더 이상 방치해서는 안 된다고 생각했다. 한 나라의 화폐인 달러의 신용경색이 전 세계를 얼어붙게 만들고 많은 사람들을 고통의 늪으로 떨어트리는 이러한 화폐제도는 이제 변해야 된다고 그들은 믿고 있었다.

암호학자들 가운데 한 명이었던 사토시 나카모토는 이러한 공포와 혼란 시기가 암호화폐 발표의 적기라 생각했다. 그래서 리먼 쇼크 다음 달인 10월 말에 비트코인 백서를 암호화폐 마니아들을 대상으로 공개했다. 여기서 그는 "나는 신뢰할 만한 제3의 중개인이 전혀 필요 없는, 완전히 당사자 간 일대일(P2P)로 운영되는 새로운 전자통화 시스템을 연구해오고 있다"라는 문구와 함께 9쪽짜리 백서를 다운로드할 수 있는 링크를 보냈다. 그리고 그 통화시스템을 비트코인이라고 불렀다.

그리고 두 달 후 2009년 정초(1월3일)에 사토시는 비트코인 '오픈소스' 소프트웨어 프로그램을 무료로 다운로드해 누구나 쓸 수 있도록 공개했다. 사토시는 그가 채굴한 첫 번째 비트코인 일부를 할 피니에게 전송했다. 은행을 거치지 않고 P2P(peer-to-peer network) 방식으로 비트코인을 보낸 것이다.

원래 P2P는 인터넷에서 개인과 개인이 직접 연결되어 파일을 주고받는 방식으로 주로 대학생들이 즐겨 사용했던 자료 공유 방법이었다. 미국의 냅스터(napstar), 토렌트(torrent), 한국의 소리바다 등이 대표적으로 P2P 방식을 이용해 개인과 개인을 직접 연결하고, 중간 서버 없이 파일 공유가 가능하며, 비용도 발생하지 않는 방식이다.

사토시는 첫 비트코인을 채굴해 세상에 내놓으며, 제네시스(창세기) 블록이라 불리는 첫 블록에 메시지를 담았다. "The Times 3 January 2009 Chancellor on brink of second bailout for banks." (《더 타임스》 2009년 1월 3일 재무장관 은행에 두 번째 구제금융 임박) 이는 그가 비트코인 오픈소스 소프트웨어를 발표한 날인, 2009년 1월 3일 영국 더 타임스지에 실린 영국 재무장관이 은행들을 살리기 위해 수십억 파운드의 긴급 구제자금을 추가로 투입할지를 고려 중이라는 기사의 제목이었다. 사토시는 이처럼 기존 화폐의 문제를 첫 블록 속에 영원히 기록해두었다.

이렇게 해서 개인 간에 은행을 거치지 않고 자유롭게 금융거래를 할 수 있는 화폐, 이른바 중앙 집중방식에서 탈피한 '탈중앙화' 화폐가 세상에 모습을 드러냈다. 어느 한 나라, 어느 한 은행에 귀속되지 않은 '세계화폐'가 탄생한 것이다. 그 뒤 동료 개발자 할 피니와 이메일을 주고받으며 버그를 수정한 후, 할 피니는 1월 9일 제네시스 블록 다음의 1번 블록을 만들어 비트코인을 채굴했다. 그때부터 평균 10분에 하나씩 새로운 블록이 만들어지기 시작했다.

사실 세계화폐에 대한 생각을 한 사람은 비트코인을 만든 사토시가 처음은 아니었다. 20세기 중반에 이미 세계화폐의 개념을 이야기한 사람이 있었다. 바로 유명한 경제학자 존 메이너드 케인즈다.

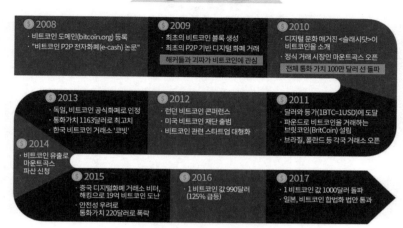

2008
· 비트코인 도메인(bitcoin.org) 등록
· "비트코인 P2P 전자화폐(e-cash) 논문"

2009
· 최초의 비트코인 블록 생성
· 최초의 P2P 기반 디지털 화폐 거래
해커들과 괴짜가 비트코인에 관심

2010
· 디지털 문화 매거진 <슬래시닷>이 비트코인을 소개
· 정식 거래 시장인 마운트곡스 오픈
전체 통화 가치 100만 달러 선 돌파

2013
· 독일, 비트코인 공식화폐로 인정
· 통화가치 1163달러로 최고치
· 한국 비트코인 거래소 '코빗'

2012
· 런던 비트코인 콘퍼런스
· 미국 비트코인 재단 출범
· 비트코인 관련 스타트업 대형화

2011
· 달러와 등가(1BTC=1USD)에 도달
· 파운드로 비트코인을 거래하는 브릿코인(BritCoin) 설립
· 브라질, 폴란드 등 각국 거래소 오픈

2014
· 비트코인 유출로 마운트곡스 파산 신청

2015
· 중국 디지털화폐 거래소 비터, 해킹으로 19억 비트코인 도난
· 안전성 우려로 통화가치 220달러로 폭락

2016
· 1 비트코인 값 990달러 (125% 급등)

2017
· 1 비트코인 값 1000달러 돌파
· 일본, 비트코인 합법화 법안 통과

비트코인의 발전 chosun.com

케인즈의
무서운 선견지명

1차 대전 직후인 1918년에 열린 파리강화회의에서 케인즈는 독일에 과도한 배상금을 물려서는 안 된다고 역설했으나 거부되었다. 그는 회의에 참가한 각국 정치인들이 이기적인 자국 정치논리를 앞세워 경제를 무시하는 무지한 행태를 보이는 것에 충격을 받고 분노했다. 그는 독일에 물린 혹독한 배상금이 전무후무한 인플레이션을 발생시킬 것이며, 이는 독일국민들을 빈곤으로 내몰아 '극단적인 혁명'이 일어날 거라고 생각했다. 파시즘 혁명과 새로운 전쟁을 예감한 것이다.

그는 이듬해에 쓴 『평화의 경제적 결과』라는 책에서 연합국 지도자들을 강력하게 비판하며 "가장 중요한 문제는 정치가 아니라 금융과 경제라는 사실을 한 사람이라도 제대로 이

해했더라면… 아직 시간이 있을 때 흐름을 이로운 쪽으로 돌려놓아야 한다."고 주장했다.

케인즈의 예견은 그의 표현 그대로 현실화되었다. 결국 독일에 대한 거액의 전쟁배상금은 화폐 발행량 증가 → 초인플레이션 → 히틀러의 등장으로 연결되어 2차 대전을 불러왔다. 이 모든 사건의 원인은 인플레이션이었다. 2차 대전이라는 참화는 케인즈의 선견지명이 거부된 결과였다.

독일의 초인플레이션은 정부의 화폐 발행량 증가와 은행들의 과도한 신용창출의 결과물이었다. 독일정부는 과도한 전쟁배상금 지급과 경기 진작을 위해 수출을 늘려야 했다. 수출을 늘리기 위해서는 마르크화 평가절하로 수출상품 가격경쟁력을 높이는 게 유리해 결국 화폐 발행량 증가를 선택할 수밖에 없었다. 그러나 독일 초인플레이션의 진정한 막후 조종자는 사실 거대한 신용창출을 일으킨 금융자본세력들과 그들에 의해 움직여진 민간 중앙은행이었다.

인플레이션이 가속화될 기미를 보이자 여기에 마르크화 투기 금융세력들이 가세해 막대한 대출을 일으켜 부동산과

기업들을 헐값에 사들이고 돈값이 휴지조각이 됐을 때 대출을 갚았다. 1923년에는 이틀에 한 번꼴로 물가가 2배씩 폭등했다. 이러한 방법을 연속적으로 사용해 독일 최고의 거부가 된 사례가 휴고 스티네스였다. 그는 역사상 인플레이션을 가장 잘 활용(?)한 사람으로 대출로 1,535개의 기업과 그에 딸린 2,888개의 공장을 사들였는데 그 가운데 신문사도 60개나 있었다.

그는 언론조차 입맛에 맞추어 조종하며 인플레이션을 부추기기까지 했다. 그는 자신이 소유하고 있던 신문을 통해 인플레이션율이 10,000%에 이르던 1922년 중에도 "유통되는 통화가 부족하다. 산업과 질서를 유지하기 위해서는 통화량이 더 늘어나야 한다."고 주장했다. 이와 같은 주장을 뒷받침하기 위해 경제학자들도 동원되었다. 유럽 최고의 작가였던 슈테판 츠바이츠에 의하면 그의 재산은 독일 국부의 1/4이었다고 한다. 1923년 〈타임〉지는 그를 '독일의 새로운 황제'라고 칭했다.

이러한 행태에 분노한 독일 국민들의 파렴치한 투기꾼들과 이를 조장한 유대인 금융가들에 대한 적개심과 증오는 상상을 초월했다. 결국 이러한 시중은행들의 과도한 신용창출과 인플레이션 기대심리가 화폐의 유통 속도를 가속화시켜, 유동성 곧 시중의 화폐 유통량을 급속도로 늘려 초인플레이션으로 이어졌다. 1921년 1월에 0.3마르크 하던 신문 한 부값이 1922년 11월에는 7000만 마르크가 됐으니 2억 배 오른 것이다. 건전한 시민들이 생활비를 아껴 평생 저축한 돈이 휴지조각이 되는 어처구니없는 참담함을 겪었다. 시민들은 항의의 표시로 기존 화폐를 길거리에 버리거나 불쏘시개로 썼다.

시민들은 두 눈 멀쩡히 뜨고 화폐 발행량을 터무니없이 늘린 정부와 금융세력에 의해 무자비하게 수탈당한 것이다. 특히 부동산 없이 현금만 보유했던 빈곤계층 서민들이 발가벗겨졌다. 부자들은 부동산, 토지, 주식, 귀금속 등으로 자신의 재산을 포트폴리오 해 놓아 어느 정도 피해 갈 수 있었지만 저소득층일수록 피해가 컸다. 금융투기세력이 화폐가치 폭락 과정에서 벌어들인 거대한 이익은 바로 국민들이 몇 십년 동안 힘들게 저축해 얻은 부였다.

케인즈의 예견대로, 이 틈을 파고들어 대중을 선동해 집권한 사람이 히틀러다. 그가 이끄는 나치의 지지율은 1928년

총선에선 2.6%에 불과했으나 2년 후엔 37.4%의 득표율로 원내 1당이 되어 히틀러는 총리에 올랐다. 1934년 대통령이 서거하자 히틀러는 본인이 총리와 대통령을 겸하는 '총통'이 되겠다고 국민투표에 부쳤다. 그는 무려 88.1%의 압도적 지지를 받고 최고 권력자가 된다. 이어 홀로코스트와 2차 대전이라는 세계 최대의 비극이 일어난다. 정치를 앞세우고 경제와 금융을 무시한 결과였다.

그 뒤 헝가리에서는 1946년 역사상 최대의 초인플레이션이 일어났는데 0이 29개나 있어 읽기조차 어렵다. 이러한 일은 과거에 국한된 역사적 사건이 아니다. 1990년대 초 브라질도 초인플레이션은 일어났으며, 러시아도 1992년 2,600%의 초인플레이션에 시달렸다. 엘친 정부 8년 동안 러시아 인플레이션은 608,000%에 달했다. 2007년 나이지리아의 월 796% 인플레이션을 비롯해 2009년 짐바브웨이는 무려 100조 달러 지폐를 발행하기도 했다.

이런 나라 사람들은 봉급을 받자마자 뛰어나가 카트 가득히 물건 사기에 바쁘다. 조금만 늦으면 지폐가 휴지조각이 되기 때문이다. 또 이러한 초인플레이션은 개발도상국에만 국한된 일이 아니라 선진국에서도 발생할 수 있는 '화폐적 현상'이다.

케인즈의 세계화폐와 달러의 대결

2차 대전이 마무리되던 1944년, 새로운 국제통화 질서를 확립하기 위해 45개국 700여 명의 고위 경제 관료들이 미국 뉴햄프셔 주 브레턴우즈에 모였다. 이 회의에서 미국 대표 화이트 재무차관과 영국 대표 케인즈 간의 치열한 논쟁이 벌어졌다. 달러와 세계화폐 '방코르' 가운데 무엇이 더 기축통화에 적합한지를 놓고 다툰 것이다.

케인즈는 우리에게 『고용, 이자 및 화폐의 일반이론』으로 유명하지만, 그는 그 이전에 『통화개혁론』(1923)과 『화폐론』(1930) 등 화폐 문제를 심도 있게 연구한 화폐경제학자였다. 케인즈가 이런 저서를 집필한 것은 사실 통화 교란의 무서움을 경고하기 위해서였다. 그는 인플레이션을 자본주의의 파괴자로 여기고 혐오했다.

케인즈의 화폐관은 명료했다. 특정국가에 의해 임의로 발행량이 증가하거나 축소되는 일이 없는, 곧 인플레이션이나 디플레이션이 없는 세계화폐가 있어야 한다는 신념이었다. "인플레이션은 부당하고 디플레이션은 비효율적이다. 독일의 경우처럼 극단적인 인플레이션을 제외하면, 인플레이션과 디플레이션 중에 디플레이션이 더 안 좋다. 빈곤한 세계에서 임대인을 실망시키는 것보다 실업을 유발하는 것이 더 안 좋기 때문이다. 그러나 둘 중 하나를 꼭 택해야 하는 것은 아니다. 두 가지가 모두 안 좋고, 모두 피해야 한다."

케인즈가 디플레이션이 더 안 좋다는 데는 이유가 있다. 다음 달에 물가가 더 싸질 것이라 생각되면 사람들이 소비를 미루어 경기 침체에 빠지기 때문이다. 소비가 줄어들면, 기업이 생산을 줄이고, 그러면 결국 실업이 유발된다는 이야기이다.

그럼 초인플레이션(Hyperinflation)은 왜 일어날까? 초인플레이션이란 물가 상승이 정부의 통제를 벗어난 상태로 월 50%

이상의 인플레이션되는 것을 뜻한다. 인플레이션 기대심리가 만연되면 사람들은 돈이 들어오는 즉시 재화로 바꾸려 든다. 이렇게 되면 통화의 유통 속도가 갈수록 빨라져 중앙은행의 통화정책으로는 통화팽창을 제어할 수 없게 된다. 그러면 시중 유동성은 갈수록 증폭되어 초인플레이션이 발생하는 것이다.

케인즈는 인플레이션이나 디플레이션이 일어나지 않는 세계화폐가 개발되어야 한다고 믿고 스스로 수년 전부터 그런 화폐의 연구에 몰두했다. 그는 패권 국가가 극단적인 무역수지 적자를 볼 경우, 무역 분쟁은 물론 환율전쟁을 일으킬 우려가 있고 또한 이는 세계경제를 불경기에 빠트릴 염려가 있어 이를 '예방'하는 데 초점을 맞추었다. 마침내 그는 세계화폐 '방코르'(Bancor)를 고안해 냈다. 방코르는 금을 비롯해 30개 상품 가격을 기초로 가치가 산정되며 각국은 자국 화폐를 일정한 고정 환율로 방코르와 교환할 수 있게 했다.

케인즈는 브레턴우즈 회의에서 그의 학문적 연구를 토대로 달러 체제에 대항하는 세계화폐 '방코르'와 이를 청산해줄 '국제청산동맹'을 도입해야 한다고 제안했다. 세계 각국이 무

존 메이너드 케인즈

역에서 각 나라 통화를 사용하지 말고, 이 세계화폐를 공통으로 사용하자는 주장이었다.

케인즈는 방코르의 발행량은 인플레이션이나 디플레이션이 발생하지 않게 하기 위해서 거래되는 상품과 서비스의 양에 비례해야 된다고 생각했다. 그래서 그의 제안은 각 나라의 과거 3년간 무역액의 75%를 기준으로 방코르를 미리 각국의 보유자금으로 할당하고, 각 나라는 수출과 수입의 차액을 이 세계화폐를 사용해 조정하자는 것이다. 곧 방코르는 금을 사용하지 않고 무역결제를 할 수 있는 새로운 세계화폐였다.

방코르는 실생활에서 사용할 수는 없지만 세계 중앙은행들끼리 결제할 수 있는 화폐로 각국 화폐의 가치는 방코르와의 상대 환율로 표시된다. 케인즈는 무역전쟁과 환율전쟁 예방에 필요한 세계화폐를 고안한 것이다.

여기에 케인즈의 천재적인 면을 볼 수 있는 환율조정시스템을 더했다. 케인즈는 무역수지 적자국의 경우 적자액만큼의 방코르 초과인출(OVERDRAFT)을 계상할 수 있게 하되 각국의 초과인출 상한액은 무역규모에 비례해 설정하도록 고안했다. 각국의 연간 무역수지 적자액이 사전 설정된 방코르 초과인출 상한액의 50%에 달하면 그 나라 화폐는 평가절하를 실시하는 동시에 적자액의 10%를 벌금으로 내게 했다. 벌금 제도는 무역흑자 국가에도 적용했다. 벌금을 피하려면 각국이 자연스럽게 사전에 환율을 조정해야 하는 시스템을 구축한 것이다.

케인즈가 우려했던 것은 '금과 태환 됨으로써 달러의 신용을 유지한다.'는 제도가 미국의 금 보유량이 고갈되면 붕괴될 수밖에 없는 체제라는 점이다. 만약 이런 사태가 벌어지면 세계 경제 역시 큰 혼란에 빠질 수밖에 없음을 걱정한 것이다.

케인즈가 세계화폐를 주장한 이유는 크게 두 가지였다. 첫 번째 이유는 통상 분쟁과 환율 문제로 3차 세계대전이 벌어지지 않게 하기 위해서다. 케인즈의 생각은 세계화폐는 '인플레이션이나 디플레이션이 발생하지 않도록 고안되어야 한다.'는 것이었다.

또 다른 이유는 특정국가의 위기가 다른 국가로 전이되는 현상을 방지하기 위해서다. 달러가 기축통화일 경우, 미국 내에서 유동성 위기가 일어나면, 경제 위기는 전 세계적으로 전이되지만 세계화폐를 활용할 경우, 경제 위기의 전이는 제한적인 수준에 그친다는 게 케인즈의 생각이었다.

케인즈는 국제청산동맹의 자본금을 260억 달러로 하자고 제안했다. 미국 1년 GDP보다도 많은 금액이었다. 하지만 케인즈의 주장은 받아들여지지 않고 거부되었다. 달러를 기축통화로 만들어 세계경제의 패권을 잡으려 했던 미국이 반대했기 때문이다. 결국 방코르와 국제청산동맹의 꿈은 무산되었지만 절충이 이루어져 85억 달러 규모의 국제통화기금(IMF)이 설립되었다.

브레턴우즈 회의에 미국 대표로 참석하여 미국의 주장을 관철시킨 화이트는 러시아계 유대인 이민자 부부의 막내로 태어났다. 화이트는 집안이 가난해 대학 진학을 포기하고 1차 세계대전 때 군에 자원입대했다. 전쟁이 끝나자 화이트는 참전용사 지원프로그램 덕에 컬럼비아대학에서 공부할 수 있었다. 하버드대학에서 경제학 박사학위를 받은 후 잠시 교수 생활을 한 뒤 재무부에 취직했다. 당시 재무부장관이었던 모겐소가 그의 능력을 알아봤다. 유대인끼리 통하는 면도 많았을 것이다. 화이트는 모겐소 장관 보좌관을 거쳐 승승장구해 차관보에 오른 뒤 브레턴우즈 회의에 미국 대표로 참석했다. 화이트는 케인즈에 밀리지 않았다. 화이트의 적극적인 공세는 미국이라는 힘과 유대 금융자본의 파워를 배경으로 한 것이었기에 압도적일 수밖에 없었다. 다른 참가국들도 2차 대전의 후유증으로 미국의 도움이 절실할 때였다. 결국 회의는 여러 나라들의 반대에도 불구하고 미국의 뜻대로 마무리되었다.

미국은 달러를 기축통화로 하는 금환본위제도를 실시키로 했다. 금 1온스(31.1g)를 35달러로 고정시키고, 그 외에 다른 나라 통화는 달러에 고정시키되 1%의 범위 내에서 조정할 수 있는 재량을 부여했다. 이것이 이른바 브레턴우즈 체제이다.

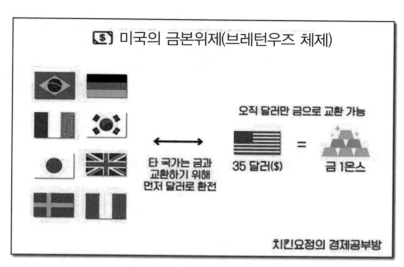

미국의 금본위제 md2biz.tistory.com

드골, 세계화폐 역할의 특별인출권 제안

2차 대전 이후 세계 외화자산 결제는 주로 달러로 진행되었는데 브레턴우즈 체제의 금환본위제임에도 미국은 암암리에 달러 발행을 남발했다. 당연히 달러의 실질가치가 많이 떨어졌다. 이에 따라 달러에만 모든 결제를 맡기는 것이 옳은가에 대한 의문이 제기되었다.

1964년 국제통화기금(IMF) 연례총회에서 달러의 독점적 위상을 반대하던 프랑스는 세계화폐 역할을 할 수 있는 '특별인출권'(SDR, Special Drawing Rights)을 만들자고 제안했다. 그러나 미국에 의해 즉각 거부되었다. 그러자 드골은 세계화폐 개념은 새로운 게 아니라 역사 속에서 통용되던 금이 바로 세계화폐라며 국제체제의 평등성 회복을 위해 금본위제로 복귀하자고 주장했다. 그러면서 프랑스가 보유하고 있는 달러를 미국의 금과 바꿀 의향을 밝혔다.

이러한 협박은 미국의 공식 입장을 변하게 만들었다. 미국은 달러의 위상이 더 이상 난공불락이 아니라는 점을 인식하고 입장을 바꿔 드골의 특별인출권 창출에 동의했다. 결국 IMF가 드골의 제안을 수용하여 케인즈의 세계화폐 아이디어를 차용해 1969년 새로운 국제 준비자산으로 만든 것이 특별인출권이다. 특별인출권은 IMF 회원국의 국제수지가 악화되었을 때, 담보 없이 필요한 만큼의 외화를 인출해 갈 수 있는 권리이다. 쉽게 말해 특별인출권은 IMF에서 사용하는 가상의 준비통화로 달러를 보완하기 위한 세계화폐이다.

달러의 구조적 한계, 트리핀 딜레마

인플레이션의 근본 원인은 재정적자이다. 그런데 미국은 재정적자가 일어나야만 달러가 발행되는 구조를 갖고 있다. 그리고 경상수지 적자가 되어야 달러가 해외로 공급된다.

1950년대 수년간 미국의 경상수지 적자가 이어지자 이러한 상태가 얼마나 지속 가능할지, 또 미국이 경상수지 흑자로 돌아서면 누가 국제 유동성을 공급할지에 대한 문제가 대두됐다. 1960년에 이미 방만하게 공급된 달러는 외환시장에서 평가절하 압력에 시달렸다. 그러자 미국 경제학자이자 예일대 교수 로버트 트리핀은 미국의 방만한 재정운용정책이 지속될 경우 금태환이 가능하지 않을 수 있다고 경고했다.

미국의 경상수지 적자가 심각해진 1960년 트리핀은 미 의회에서 기축통화로서 달러의 구조적 모순을 설명했다. "미국이 경상적자를 허용하지 않아 국제 유동성 공급이 중단되면 세계 경제는 크게 위축될 것"이라면서도 "그러나 적자 상태가 지속돼 달러화가 과잉 공급되면 달러 가치가 떨어져 준비자산으로서의 신뢰도를 잃고 고정환율제도도 붕괴될 것"이라고 주장했다. 이후 달러화의 이럴 수도 저럴 수도 없는 태생적 모순을 가리켜 '트리핀 딜레마'라고 한다.

세계가
달러를 의심하다

브레턴우즈 체제 초기인 1947년까지만 해도 미국정부는 전 세계 금의 70% 이상을 갖고 있었다. 그러나 이후 서독과 일본의 눈부신 경제성장과 무역 증대로 세계 무역에서 미국의 위상은 점점 축소되었으며, 베트남 전쟁으로 늘어난 국가채무, 통화팽창 등으로 달러 가치는 1960년대 들어 심각하게 떨어지기 시작했다. 1966년에 이르러 미국의 금 보유는 전 세계 금의 절반 이하로 줄어들었다. 미국 이외 나라들의 중앙은행들이 140억 달러만큼의 금을 보유하고 있었으나 미국의 금 보유는 단지 132억 달러만큼에 불과했다.

그럼에도 1971년 들어 달러 통화량은 10%나 늘어났다. 이에 불안을 느낀 서독이 그해 5월 브레턴우즈 체제를 탈퇴

3부 코인의 반란

했다. 그러자 달러 가치는 마르크 대비 7.5% 하락했다. 다른 나라들도 동요하기 시작했다. 이제 각국은 달러를 의심하기 시작하며 보유 달러를 금으로 바꾸기 원했다. 스위스가 가장 먼저 7월에 5천만 달러를 미국의 금으로 태환해 갔다. 이어 프랑스도 1억 9100만 달러를 금으로 바꾸어갔다. 그러면서 1억 5천만 달러를 더 태환할 계획이라 발표했다. 드골은 미국에 해군 함대를 보내 프랑스로 금을 운반하는 걸 대내외적으로 과시까지 하며 미국을 압박했다. 이어 스페인도 6천만 달러를 금으로 교환해 갔다.

이를 지금의 가치로 환산하면 수백억 달러어치의 금을 교환해 간 것이다. 이로써 미국의 금 보유고는 엄청나게 줄어들었다. 달러가 유럽의 통화들에 비해 가치가 떨어지자 8월에 스위스도 브레턴우즈 체제를 떠났다.

1971년 8월 9일, 영국의 경제대표가 재무부에 직접 와서 자그마치 30억 달러를 금으로 바꿔달라고 요구했다. 미국정부는 잘못하면 국가 부도사태를 불러올지도 모르는 비상 국면에 직면한 것이다. 그 다음 주 13일 금요일, 닉슨 대통령은 돌연 행정부 주요 경제정책 담당자 16명에게 헬리콥터를

타고 자신과 함께 캠프데이비드 군사기지로 가자고 명령을
내렸다. 대통령은 외부와 연락할 수 있는 모든 길을 차단함
으로써 이 모임에 대한 정보가 새어나가지 못하도록 하면서
금 고갈에 직면한 미국의 자신만의 살길을 모색하기 시작했
다. (출처; 화폐혁명. 홍익희 홍기대. 엣워크)

2장

가상자산(코인)의
다단계 사기 유형

가장 전형적인 사기 유형은 크게 2가지 유형이다. 첫 번째는 진짜 가상화폐를 이용한 다단계 사업 사기이고, 두 번째는 가상화폐를 만들어서 신산업으로 포장하는 다단계 판매 사기이다.

진짜 가상화폐를 이용한 다단계는 비트코인 등 실제 가상화폐를 내세워 뚜렷한 수익원 없이 신규 회원의 돈으로 기존 회원의 수당을 챙겨주는 피라미드 구조로 하는 다단계 판매 사기이다. 겉으로는 가상화폐를 내세우지만 사업모델은 가상화폐와 전혀 상관이 없다.

가상화폐를 직접 만들어 투자자를 유혹하는 사례의 가상화폐는 아주 조악한 코드로 만든 가상화폐로 가상화폐에 대해 잘 모르는 투자자들을 유혹하는 방식이다. 이 가상화폐는 가맹점을 통해서만 판매되는 경우가 대다수이며 가상화폐가 아닌 실제로는 '상품권'에 가까운 것으로 가상화폐라 볼 수도 없다.

가상화폐 사기에 속지 않으려면?

(n.news.naver.com/article/055)

– 다음 주어진 지문을 읽고 이어지는 질문에 답하시오.

"자, 제가 여러분들께 소개드리는 건 정말이지 놀랍고도 신기한 '상품'입니다. 뭐가 그렇게 신통방통하냐고요? 겉으로 보기엔 평범할지 모르지만, 그야말로 최첨단 기술로 무장된 '상품'인데요, 자세히는 말씀 못드리지만 앞으로 많은 곳에 쓰이게 될 겁니다. 그래서 얼마냐? 단돈 25원입니다. 그런데 말입니다. 제가 결단코 약속드릴 수 있는 것은, 저희 회사가 책임지고 이 '상품'의 가격을 1천 원까지 올리겠다는 겁니다. 쉽게 말하면, 가만히 갖고만 계셔도 40배로 이득을 보실 수 있다는 거죠. 게다가 확률 높은 방법으로 추가 수익을 얻을 수 있는 여흥거리도 제공합니다. 자 어떻습니까. 대박을 향해 이 '상품'에 한 번 투자해보시겠습니까?"

Q1. 다음 중 화자에 대해 올바르게 설명한 사람은?

  ① 성진 : "신뢰감 있는 말로 사람들의 투자 의욕이 샘솟게 하고 있어"

  ② 준호 : "근거를 대지 않고 그럴듯한 얘기로 사람들을 홀리려 하고 있어"

Q2. 다음 중 화자의 정체로 적절한 것은?

  ① 외판원   ② 사기꾼

과연 성진이의 의견에 동의하는 사람이 있을까? 거의 대부분은 준호의 의견에 동의할 것이다. 어떤 '상품'에 대한 장밋빛 전망을 늘어놓을 뿐 정확한 근거도, 제대로 된 설명도 없기 때문이다. 마찬가지로, 2번 문제의 정답이 무엇인지 고르는 데 고민을 하는 사람도 많지 않을 것이다.

하지만 아무도 속이지 못할 것 같은 지문의 화자는 그야말로 마법처럼 여러 사람을 구렁텅이에 빠뜨렸다. 제시된 지문의 '상품'이라는 명사를 '가상화폐'로 바꿨을 뿐인데 말이다.

"40배로
올려드립니다"

　가상화폐란 블록체인 기술을 기반으로 해 만들어진 암호화된 화폐를 뜻한다. 지난 2017년 많은 사람들을 매혹시켰던 비트코인을 비롯해 이더리움, 리브라 등이 잘 알려진 가상화폐이다. 30살 김 모 씨는 지난해 12월 이런 가상화폐를 거래하는 사이트, 이른바 '가상화폐 거래소'를 열었다.

　전형적인 가상화폐 거래소의 수익 모델은 가상화폐 거래를 중개하고 거래 수수료를 챙기는 것이다. 하지만 김 씨가 연 A 거래소의 포부는 그보다 더 컸다. 직접 만든 가상화폐인 A 코인을 상장해 가치를 키우는 방법으로 수익을 내겠다고 투자자들에게 공언한 것이다. 목표 금액은 1천 원. 최초 발행액이 25원 정도였던 것을 감안하면 가격을 40배로 끌어

올리겠다고 약속한 것이다.

코인으로 투자유인 사기 사례(25원을 1천 원으로)

사뭇 허황되어 보이는 목표를 달성하기 위한 구체적인 청사진도 그 나름대로 제시했다. 이른바 '바이백'과 '소각' 전략이다. 가상화폐의 가치도 결국 '수요와 공급'의 경제법칙으로 움직인다. 거래소 운영으로 얻는 수익금을 모두 A 코인을 되사들여서 투자하는 '바이백'으로 사용하며 A 코인에 대한 수요를 늘리고, 일정 규모의 가상화폐를 태워 없애는 '소각'을 통해 A 코인의 공급을 줄여 가격을 올리겠다는 것이었다. '그렇게 인위적으로 가치를 올려도 되는 거야?' 싶겠지만, 중소 가상화폐 시장에서는 '펌핑'이라 불리는 너무나도 흔한 전략이기 때문이다.

따면 좋고
잃어도 그만?

A 거래소는 여기서 한 발 더 나갔다. 가상화폐와 주사위 게임을 접목한 것이다. 주사위 게임은 0~100까지 무작위로 나오는 숫자를 맞히는 일종의 도박이다. 예를 들어 게임 이용자가 50을 골랐는데, 50 아래의 숫자가 나오면 돈을 따고, 50 이상의 숫자가 나오면 잃는 식이다.

A 거래소는 이런 주사위 게임을 운영하는 B 사이트와 협약을 맺어 A 코인으로 베팅을 할 수 있도록 했다며, B 사이트에서 주사위 게임으로 얻은 수익의 일부가 A 코인의 투자로 선순환될 수 있는 구조를 만들었다고 설명했다. 그러니까, A 코인 투자자 입장에서는 주사위 게임을 해서 수익을 얻으면 좋고, 잃어도 코인의 가치가 올라가니 그만이라는 셈이다.

'어쨌든 도박인데 법적으로 문제가 될 수 있지 않느냐'는 일부 투자자들의 우려도 거래소에서 직접 나서서 불식시켰다. B 사이트가 자신들의 거래소와는 별도로 운영되는, 그러니까 한국법의 적용을 받지 않는 외국 사이트고, 돈이 아닌 가상화폐 A 코인을 베팅하는 거라 문제가 없다는 것이다. 또 실제 법적 문제가 없다는 자문까지 받아두었다며 국내 유수의 로펌들 이름을 줄줄이 대기도 했다.

앞서 모든 약속과 장담이 실현됐던 것인지 한때 A 코인의 가격은 발행 가격의 10배까지 치솟기도 했다. 그야말로 제대로 '펌핑'이 됐던 것이다. 하지만, 모두가 행복한 시기는 그리 오래가지 않았다. A 코인의 가격은 급전직하했고, 주사위 게임으로 큰 손해를 봤다는 사람이 속출했다. '가상화폐 판'에는 A 거래소에 문제가 있다는 소문이 돌기 시작했고 '투자금을 싸 들고 오는' 신규 투자자마저 발길이 끊어졌다. 사려는 사람은 없고 팔려는 사람만 있다 보니, 25원 이하로는 가격을 떨어뜨리지 않겠다며 '최저가 보상제'를 내건 A 거래소의 약속도 지켜지지 않았다. 결국 A 코인의 가격은 극적으로 붕괴돼 그 가치가 휴지조각만도 못하게 돼버렸고, 거래소는 문을 닫았다.

거품이 꺼진
진짜 이유는?

　많은 A 코인 투자자들은 절망에 빠졌다. 단순히 운이 없었던 걸일까? 그렇지 않았다. 경찰의 조사 결과 애초부터 A 거래소 대표 김 씨에게는 A 코인의 가격을 끌어올려 투자자들에게 이익을 주려는 의도가 없었던 것으로 드러났다.

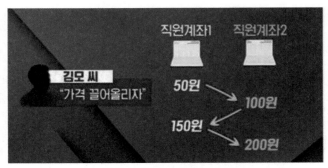

직원계좌 이용 코인 가격 조작사례

　김 씨의 주된 관심사는 투자자들의 이익보다는 자신의 이익이었다. 직원 이름을 빌려 계좌 두 개를 만들고, 그 계좌 사이에 가상화폐를 주고받는 식으로 없는 거래를 있는 것처럼 만들어내 A 코인의 가격을 끌어올렸다. 관리자 권한을 이용해 마치 자신이 돈을 수백억 원 가진 것처럼 조작한 다음, 그 돈으로 A 코인을 사서 투자자들에게 팔아 이득을 챙겼다. A 거래소가 운영되는 몇 달 사이 받은 투자금은 모두 127억 원에 달했는데, 김 씨는 그 가운데 12억 원을 현금화해 부인의 계좌로 송금시키기도 했다. 심지어 김 씨가 이렇게 돈을 빼돌리는 와중에도 다른 '바지사장'을 내세워 또 다른 가상화폐 거래소를 만든 다음 사기 행각을 계속했다는 의혹도 제기돼 있는 상태이다.

주사위 게임이 별개의 외국 사이트라 문제가 없다는 것도 다 거짓말이었다. 한국어를 영어로 번역하는 아르바이트생을 고용해 공지를 영어로 하는 등 '마치 외국 사이트인 양' 눈속임해왔던 것뿐이었다. 결국 주사위 게임 사이트의 주인도 김 씨였던 셈이다. A 코인 투자자들이 주사위 게임으로 잃는 돈이 고스란히 김 씨의 호주머니로 흘러 들어간 셈이다. 물론, 법적 자문을 받았다는 얘기도 모두 다 거짓이었던 것으로 경찰 조사 결과 드러났다. 일부에서는 주사위 게임 자체도 조작이었을 거라고 의심하고 있다. 김 씨가 애초에 투자자들이 이길 수 없는 게임을 설계해놨을지도 모른다는 것이다.

결국 김 씨는 지난달 사기와 사설 도박장 개설 등의 혐의로 구속돼 검찰에 송치됐다. 하지만 투자자들이 잃어버린 돈을 찾을 길은 요원한 상황이다. 김 씨가 벌어들인 수익을 생활비 등으로 모두 탕진했다고 주장하고 있기 때문이다. 한때 수백 명이 모여 있었다는 A 코인 투자자 모임 SNS 채팅방에는 소수의 투자자만 남아 조금이라도 돈을 회수할 방법이 있는지 찾으려 애쓰고 있다.

가상화폐의 탈을 쓴
'폰지 사기'

이러한 모든 문제는 A 코인과 거래소 대표 김 씨에게 국한되는 걸까. 불행하게도 답은 "아니오"이다. 지난 8월 '손실 100% 보전'을 내걸고 500억 대 사기 행각을 벌인 C 거래소의 운영자 박 모 씨 등 3명이 경찰에 구속됐고 기소 의견으로 검찰에 넘겨졌다. 가상화폐를 마음대로 찍어내고, 직원 계좌로 돈을 빼돌린 건 A 코인의 경우와 판박이였다. 이에 더해 일부 가상화폐 투자자들 사이에서 A 거래소, C 거래소와 비슷하게 운영되는 것이 아닌지 의심을 받고 있는 D 거래소의 경우도 경찰에서 현재 내사를 벌이고 있는 것으로 알려졌다.

제보를 바탕으로 가상화폐 거래소를 검증하는 유튜버 '코인캅스'에 따르면, 자신들이 지난 1년 동안 받은 '사기 의심'

제보만 수백 건에 달한다고 한다. '떼돈을 벌 수 있게 해 준다'는 가상화폐 대부분의 실상은 나중에 들어온 사람의 돈으로 먼저 들어온 사람의 이익금을 챙겨주는 이른바 '폰지 사기'와 다르지 않은데, '가상화폐'의 탈을 쓰고 수많은 사람들을 홀린다는 게 '코인캅스' 운영자들의 설명이다.

'일확천금'의 유혹에서 벗어나려면?

    4차 산업 혁명의 핵심이라고 알려진 블록체인 기술. 그렇다면 블록체인 기술을 기반으로 한 가상화폐 역시 무엇과도 바꿀 수 없는 본질적인 가치가 있는 게 아닐까? 일부 가상화폐는 그러할 가능성도 있다.

    블록체인 기술은 데이터를 분산해 저장함으로써 원본 데이터의 임의 변조 가능성을 줄이는 것이다. 그런데 앞서 언급된 A 코인, C 코인 등은 관리자 권한으로 마음껏 위·변조가 가능했다. 결국 블록체인과는 전혀 상관없는, 가상화폐라는 '가짜 명패'를 단 사기 수단에 불과했던 것이다.

    '가상화폐 투자' 그 자체를 엄금해야 한다는 것은 지나치게

섣부른 결론이 될 수 있다. 다만, 이런 '가짜 가상화폐'는 걸러내야 하지 않을까.

이제 우리에게 필요한 건 '어떻게 하면 가짜와 진짜를 구별할 수 있을까'의 답일 것이다. 그 답을 내기 위해서는 글의 맨 첫머리로 돌아가야 한다. 〈이 가상화폐엔 놀라운 가치가 있고, 쓰임새도 많고, 추가 수익도 얻을 수 있습니다〉 이어지는 미사여구 앞에 붙은 가상화폐(암호화폐)를 슬며시 지워보면 된다.

갑자기 내 손에 엄청난 수익이 주어진다고 하면 어느 누가 싫어할까? 일확천금의 기회를 마다할 사람은 없다. 다만 우리가 주의해야 할 것은 그 기회를 미끼로 우릴 속이려 하는 사람들이 '언제 어디에나' 있고, 그 미끼에 화려한 분칠(최첨단 기술, 블록체인 기반 가상화폐)이 돼 있을지도 모른다는 것이다.

코인러시가 불러낸
폰지 사기

〔권호천의 ICT 인사이트〕

4차 산업혁명은 이전의 어떤 산업혁명보다 빠르고 강하게 사회를 변화시킨다. 1~3차 산업혁명이 인간의 노동력을 대체하는 것에 초점을 맞추고 발전했다면, 4차 산업혁명은 인간의 노동력뿐 아니라 지식과 지능을 대체하는 혁신에 초점을 둔다.

어느 시대나 혁신적 기술은 사회의 발전적 변화를 견인한다. 이와 동시에 혼란과 불확실성을 동반한다. 혁신적 기술이 동반한 혼란과 불확실성은 개인과 사회에게 적은 노력으로 큰 이익을 보장한다는 그럴듯한 유혹의 손길을 보내는 공통점을 가진다. 4차 산업혁명을 눈앞에 둔 현재 가장 큰 논란의 대상으로 떠오른 것이 바로 암호화폐와 연관된 사기다. 블록체인 기술을 통해 파생된 '암호화폐'가 가져온 사회적 병리 현상은 2017년부터 지금까지 다양한 이슈를 생산했다.

가장 큰 이슈는 '암호화폐 사기'다. 네이버 뉴스에서 이를 검색했다. 2015년 1월부터 2016년 12월 말까지 총 671건이었던 뉴스 건수가 2017년 1월부터 현재까지 총 21,197건으로 증가했다.

비트코인과 금 사진

블록체인 기술은 공공 거래 장부로 불린다. 거래 주체들 간 신뢰할 수 없는 관계에서의 거래를 신뢰할 수 있는 형태로 만들어 주는 기술이다. 아이러니하게도 블록체인 기술의 파생 상품인 암호화폐가 왜 사기의 주요 도구로 활용되는지 궁금하지 않을 수 없다. 큰 범주에서 보면, 사기의 핵심적 수법은 '폰지 사기(Ponzi Scheme)'가 가장 대표적이다. 여기에 세부적 사기 기술로 코인 채굴과 투자 빙자, 다단계, 보이스피싱 등이 있다.

사기 방식은 다양하다. 코인 채굴에 필요한 기기 구입에 투자하라거나, 코인을 자체 발매하며 실시하는 ICO에 투자하라거나, 검색 사이트에 거짓 거래소를 만들어 클릭과 투자를 유인하거나, ICO 혹은 이벤트 참여 시 개인지갑 비밀키(Private Key)를 요구해 코인을 빼가거나, 사기 리딩방(SNS의 단체 커뮤니케이션 방)에 자극적인 가짜 정보를 올려 투자를 유인하는 식이다. 이미 100년도 훨씬 전에 나온 폰지 사기 수법이 첨단 정보사회에서도 그대로 사람들을 속이는 도구로 사용된다는 것에 의아함을 가질 수밖에 없다.

'폰지 사기'는 영국의 문호 찰스 디킨스(Charles John Huffam Dickens)가 1857년 발표한 소설 『리틀 도릿(Little Dorrit)』에 처음 등장하는 사기 수법이다. 1920년대 초반 찰스 폰지(Charles Ponzi)는 우표와 국제 반신 우편권(IRC: International Reply Coupon)의 차익으

로 수익을 낼 수 있다고 속여 투자자를 모집하고 불법적 이익을 얻는 대규모 사기를 벌였다. 이후 이러한 유형의 사기를 주범인 찰스 폰지의 이름을 따 '폰지 사기'라고 부른다.

폰지 사기는 간단히 말해, 실체가 없거나 사업성이 없는 사업을 사회적 루머와 인간의 욕망을 결합해 '돌려 막기 식'으로 진행하는 사기 수법이다. 즉, '당신이 투자한 금액에 대해 훨씬 많은 이익 배당금을 지급하고 원금도 보장해 주겠다.'라고 투자자를 속이는 수법이다. 투자자를 지속해서 모아 신규 투자자의 투자금으로 기존 투자자에게 일정 기간 배당금을 지급해 의심을 피한다. 그러다 결정적일 때 투자금을 모두 챙겨 잠적하는 사기 수법이다. 개인의 '대박 욕망'이라는 투기심리를 이용해 금전적 피해를 발생시킨다.

사기는 연령, 성별, 직업, 학력을 가리지 않는다. 누구나 그 대상이 될 수 있다. 시장에서 지속적으로 고수익을 낼 수 있는 사업 모델은 없다. 그런데도 '일확천금'의 유혹에 넘어간 사람들의 욕심이 스스로를 사기 대상이 되게 만든다. 고수익과 원금보장은 시장의 일반적 상식인 안정성과 수익성이 반비례하는 공식에 어긋남에도 욕심은 이런 상식의 눈을 가리는 힘으로 작용한다.

2013년 노벨경제학상을 받은 로버트 J. 쉴러(Robert J. Shinner) 미국 예일대 경제학과 교수는 저서 『이상과열(Irrational Exuberance)』에서 주식시장의 버블 과정이 자연발생적 폰지 사기 과정과 유사하다고 주장했다. 즉, 시장의 루머가 투자자의 판단력 상실에 적극적으로 개입해 '테마주'라고 불리는 주식에 비정상적 투자를 감행하게 한다.

초기 투자자는 주가상승을 통해 수익을 창출하고 시간의 흐름에 따라 추격 매수세가 형성된다. 폰지 사기의 과정처럼 투자자의 투자 순차에 따라 이익은 점차 감소해 결국 이익과 원금이 '0'에 수렴하게 된다. 2018년 대한민국을 강타한 암호화폐 버블도 이와 상당히 유사하다.

미국의 골드러시를 불러왔던 서부지역의 황금

'골드러시'는 노다지를 찾아 서부로 몰린 많은 사람들을 허탈하게 만들었지만 결과적으로 미국 도시와 경제 발전에 밑거름이 됐다. 코인러시(Coin Rush)는 미국의 골드러시(Gold Rush)를 떠올리게 한다. 2009년 블록체인과 암호화폐인 비트코인을 개발한 사토시 나카모토와 1848년 미국 캘리포니아 새크라멘토의 금맥을 발견한 존 서터(John Sutter)와 제임스 마셜(James Marshall)은 160년의 시차를 두고 전 세계 사람들을 일확천금의 꿈으로 안내했다.

라디오나 텔레비전도 없던 정보의 불모 시대인 1848년. 캘리포니아 새크라멘토의 금맥 발견 소식은 늦은 전파 속도에도 불구하고 미국 동부와 세계 각지로 알려졌고 1849년 본격적 골드러시(Gold Rush)를 촉발했다.

일확천금! 성별과 직업을 떠나 노다지를 찾아 서부로 몰려든 사람들과 암호화폐에 투자하거나 이와 관련된 일을 하는 사람들의 초기 공통점은 무엇일까. 바로 '노다지'에 대한 기대와 환상일 것이다. 그러나 너무 크고 허황한 기대는 언제나 실망을 가져온다.

암호화폐 투기와 사기 현상을 많은 사람이 네덜란드의 '튤립 거품'에 빗대 설명하기도 한다. 천정부지로 치솟던 가치가 어느 순간 제로로 떨어져 아무 쓸모 없는 것이 되리라는 걱정을 담은 표현이다.

규제의 틀이 마련되기 전에 광폭한 혼란이 대한민국을 휩쓸고 지나가는 중이다. 그러나 앞선 사기 사례를 반면교사로 활용해 현명한 정보 수집과 분석에 기반한 합리적 투자 환경을 마련한다면 머지않은 장래에 시장은 안정을 찾을 수 있다.

시장이 안정되면 블록체인 기술과 네트워크 내의 거래 수단인 암호화폐는 4차 산업혁명의 핵심적 순기능을 하리라 믿는다. 2009년 비트코인 이후 다수의 민간 암호화폐가 등장하면서 전 세계 중앙은행과 정부는 블록체인 기술과 암호화폐에 대한 견제와 연구를 병행한다. 이는 블록체인 기술과 암호화폐가 유용하게 활용될 수 있다는 것을 의미한다.

금을 캐기 위해 몰려든 사람들은 애초의 기대와는 다른 환경에 직면해 시련을 겪으며 실패를 경험한다. 하지만, 반대로 세계 각지에서 몰려든 사람들로 인한 도시인구의 증가와 채굴 행위에서 파생된 새로운 비즈니스가 발달한다. 결론적으로 미국 경제의 엄청난 발전을 견인하는 역할을 담당했다.

골드러시(Gold Rush)가 금 채굴을 통한 수익 창출과 더불어 교통, 운송, 우편, 숙박, 의복, 항만, 문화 산업 등의 발전에 크게 이바지했듯이, 4차 산업혁명의 진입 시기에 우리가 마주한 코인 러시(Coin Rush)도 시장에서 다양한 파생적 산업의 발전에 큰 영향을 미치기를 기대한다.

코인사기사건
기사 (발췌)

#1. 경찰이 4일 국내 한 암호화폐 거래소를 압수수색했다.

경기남부경찰청 강력범죄수사대는 이날 A 암호화폐거래소의 강남 본사와 임직원 자택 등 22곳을 압수수색하고 자산 2,400억 원을 동결했다. 이번 압수수색은 A 거래소 대표 이 모 씨 등의 유사수신 행위의 규제에 관한 법률 위반과 사기 등 혐의에 대한 증거 확보를 위해 이뤄졌다.

이 씨 등은 A 거래소 회원 가입 조건으로 600만 원짜리 계좌를 최소 1개 이상 개설하도록 해 지난해 8월부터 최근까지 회원 4만여 명으로부터 1조 7,000억 원가량을 받은 혐의를 받는다. 이들은 "가상자산에 투자해 수개월 내로 3배인

1,800만 원의 수익을 보장하겠다.", "다른 회원을 유치할 경우 120만 원의 소개비를 주겠다."고 하는 등 수익과 각종 수당 지급을 내세워 회원들을 끌어모았다.

실제 수익이 지급되기도 했는데, 이는 먼저 가입한 회원에게 나중에 가입한 회원의 돈을 주는 일명 '돌려막기'였던 것으로 드러났다. 경찰은 입금된 돈 대부분이 돌려막기에 사용된 것으로 보고 있다.

지난달 15일 기준 A 거래소 계좌에는 약 2,400억 원이 남아있었는데 경찰은 이 돈에 대해 기소 전 몰수보전을 신청했다. 몰수보전이란 범죄 피의자가 확정판결을 받기 전에 몰수 대상인 불법 수익 재산을 임의로 처분하지 못하도록 하는 것이다. 법원은 범죄 혐의에 대한 소명이 어느 정도 이뤄졌다고 판단하고 최근 경찰의 몰수보전 신청을 인용했다. 따라서 A 거래소는 해당 자산을 마음대로 처분할 수 없게 됐다.

경찰은 올해 2월 A 거래소에 대한 범죄 첩보를 입수한 뒤 3개월가량 수사를 이어왔다. 경찰 관계자는 "수사가 진행 중이어서 자세한 내용을 밝힐 수 없다"면서도 "오늘 압수수색을 비롯해 A 거래소에 대해 수사가 진행 중인 것은 맞다"고 확인했다.

한편 정부는 최근 암호화폐 거래가 급증하고 가격이 상승함에 따라 지난달부터 6월까지 범정부 차원의 암호화폐 관련 불법행위 특별단속을 벌이고 있다.

비트코인 가격이 급등하는 등 가상화폐(암호화폐) 광풍이 불고 있는 가운데, 가상화폐 거래소를 가장한 불법 다단계 사기 업체가 경찰 수사를 받는 것으로 확인됐다. 피해자 측에 따르면 이곳을 이용하는 회원은 2만 명, 거래소 오픈 후 6개월간 본사에 입금된 전체 금액은 2조 4000억 원 규모로 추정되고 있다.

이 업체는 한 계좌당 수백만 원을 투자하면 반년 만에 3배로 불려주고, 새로운 회원을 모집해오면 각종 수당을 지급하겠다며 회원들을 끌어모았다. 금융감독원에도 관련 민원이 다수 접수된 상태다.

(출처/박예나 인턴기자 yena@sedaily.com)

#2. 이 업체는 가상화폐를 거래하는 플랫폼인 '가상화폐 거래소'를 표방했다. 겉으로는 비트코인·리플·이더리움 등 주요 가상화폐도 거래할 수 있도록 모양새를 갖추고는 있으나, 사실상 불법 다단계 코인 사기업체라는 것이 전문가들의 시각이다.

이곳 회원들은 가입 시 무조건 600만 원을 들여 1계좌를 개설해야 한다. 이 업체는 6개월이 지나면 배당금 명목으로 300%인 1800만 원의 수입을 보장하며, 지인을 소개하면 120만 원의 소개 수당을 지급한다고 홍보했다. 이런 배당금과 각종 지인 소개 수당 등은 A 업체가 자체 발행한 코인으로만 지급된다.

피해자 B(41)씨는 "지난해 8월 오픈 초기에는 수당이나 배당금이 지급되면서 이를 인증하는 글이 속속 올라오기는 했다"면서 "하지만 시간이 지나면서 지급이 차일피일 미뤄지고 있거나 아예 이뤄지지 않고 있다"고 말했다. 또 다른 피해자 C(50)씨는 "돈이 들어오지 않아 불안한 마음에 환불을 문의하면, 관련 정책이 까다롭다는 등의 이유를 들어 환불해줄 수 없다는 답변만 한다"고 호소했다.

전문가들은 전형적인 '돌려 막기' 구조의 다단계 수법이라고 지적한다. 오픈 초반에는 회원들이 들어오면서 투자금이 모이기 때문에 초기 가입자들에게 각종 수당이 정상적으로 지급되고 있는 것처럼 가장하지만, 결국 마지막에 들어오는 회원의 돈은 묶일 수밖에 없다는 것이다.

A 업체는 전국에 100여 개의 센터를 두고 오프라인 설명회를 개최하는 방식으로 사람들을 끌어모았다. 상대적으로 적발되기 쉬운 온라인 홍보나 영업은 하지 않는 등 깜깜이 식으로 운영했다.

A 업체는 공정거래위원회에도 등록하지 않았다. 국내에서 다단계판매업을 운영하기 위해서 사업자는 현행 방문판매법에 따라 공정위나 관할 지자체에 사업 등록을 해야 한다. 미등록 유사 다단계업체는 불법이다.

현재 수백 명의 피해자를 모아 집단소송을 준비 중인 법무법인 대건 관계자는 "피해자 연령대는 30~70대까지 골고루 분포돼 있다"며 "우리가 파악 중인 사례 중에는 1인당 피해금이 최대 4억 8,000만 원(80계좌)에 이르는 것도 있고, 가족들까지 합치면 6억(100계좌)이 넘는 것도 있다"고 설명했다.

이 관계자는 "추가 피해자가 발생하지 않도록 지난해 10월부터 소셜미디어(SNS) '밴드'를 개설해 주의가 필요하단 점을 알리고 있다"며 "현재 이 밴드에만 500명이 넘게 가입돼 있고, 지금도 피해와 불안함을 호소하는 글들이 계속해서 올라오고 있다"고 말했다.

피해자 측의 주장과 다르게 A 업체 측은 "배당금이나 지인 소개 수당 등으로 지급되는 코인의 경우, 우리가 자체 발행한 것이 아니라 별개의 회사가 발행한 것"이라며 "우리는 그 코인을 상장시켜주고, 매매가 체결되면 수수료만 받을 뿐"이라고 해명했다. 그러면서 "회원들의 모집과 배당금 지급 등과 관련한 홍보 방식의 문제는 해당 코인을 발행한 업체에서 담당하는 일"이라고 선을 그었다.

#3. 4,500억 원대 가상화폐 투자사기 혐의로 '코인업' 대표 강 모 씨가 2019년 3월 12일 당시 2심에서 법원으로부터 징역 16년을 선고받은 바 있다.

법원 가상화폐 투자사기에 징역 16년 선고, 2019.03.12. 연합뉴스 제공

　가상화폐 관련 사기가 기승을 부리자, 금융당국도 관련 대책을 내놓기는 했다. 지난달 25일부터 특정금융정보법(특금법) 개정안이 시행됨에 따라 가상자산 사업자로 등록하려는 거래소는 앞으로 금융정보분석원(FIU)에 반드시 신고해야 하고, 실명 확인 입출금 계좌를 의무적으로 발급받아야 한다.

　하지만 법의 취지가 가상화폐 거래소의 돈세탁이나 테러자금 모집을 막는 것에 있다 보니, A 업체와 같은 사기성 코인·거래소·다단계 사기를 방지하기는 어렵다는 지적이 나온다.

A 업체와 유사한 가상화폐 사기 사건은 수년째 계속해 발생하고 있다. 앞서 언급한 가상화폐 발행업체인 '코인업' 은 2018년 8월부터 2019년 2월까지 2~3개월만 투자하면 200%가량의 수입을 보장한다며 다단계 식으로 수천 명의 사람들을 끌어 모아 4,500억 원대 투자 사기를 벌였다. 서울고등법원은 지난해 코인업 대표 강 모(54) 씨에게 사기 등 혐의로 1심과 같은 징역 16년을 선고했다.

암호화폐와 코인은
무엇인가?

우리는 비트코인, 이더리움 등 암호화폐를 통상 코인이라 부른다.

암호화폐는 가상화폐의 일종이라고 볼 수도 있다. 가상화폐(假想 貨幣, virtual currency 또는 virtual money)는 지폐나 동전과 같은 실물이 없이 네트워크로 연결된 특정한 가상공간(vitual community)에서 전자적 형태로 사용되는 디지털 화폐 또는 전자화폐를 말한다.

하지만 유럽 중앙은행이나 미국 재무부의 가상화폐 정의를 엄격하게 적용하면 가상화폐라고 부를 수 있는 암호화폐는 거의 없게 된다. 그래서 미국 재무부 금융범죄단속반

(FinCEN)에서는 암호화폐를 가상화폐라고 부르지 않는다. 최근 대한민국에서는 가상자산으로 불리기도 한다.

유럽중앙은행(ECB), 미국 재무부, 유럽은행감독청에서 내린 정의에 따르면, 가상화폐란 정부에 의해 통제받지 않는 디지털 화폐의 일종으로 개발자가 발행 및 관리하며 특정한 가상 커뮤니티에서만 통용되는 결제 수단을 말한다. 이 정의에 따르면 대부분의 암호화폐는 디지털 화폐이면서 가상화폐이다.

하지만 상당수 온라인과 오프라인 매장에서 결제 수단으로 받는 비트코인은 디지털 화폐이기는 하나, 가상화폐는 아니게 된다. 또한 대부분의 암호화폐는 개발자가 발행하지는 않기 때문에 발행 측면에서 보자면 대다수의 암호화폐는 가상화폐가 아니게 된다.

미국 재무부 금융범죄단속반(FinCEN)은 "일부 환경에서는 (법화(法貨)인) 화폐처럼 작동하지만 진짜 화폐의 모든 특성을 갖추고 있지는 못한 교환 수단"이란 뜻으로 '가상화폐'라는 말을 쓰고 있으며, 전자상품권 등을 제외하고 비트코인·이더리움·리플 등 암호화폐를 가리킬 때는 가상화폐라는 단어를 쓰지 않는다.

　가상화폐나 디지털 화폐는 카카오페이나 네이버 페이 등
가상공간에서 결제할 수 있는 온라인 지급 결제 수단은 모두
포함한다.

3장

암호화폐
(코인: 가상자산)의
투자요령

(글 : 하주희 월간조선 기자)

암호화폐에 대한 믿음 있어야

첫째, 투자하기 전에 먼저 블록체인 기술을 살펴보고 암호화폐에 대한 견해를 정리해야 한다. 사실 이게 가장 중요하다고 생각한다. 블록체인 생태계나 암호화폐의 미래 가치에 대한 지식과 의견 없이 단지 투자 광풍(狂風)이란 이유로 코인 투자에 뛰어들면 이상한 종목, 즉 코인 용어로 '스캠'이라고 하는 코인에 투자하게 된다. 블록체인과 암호화폐에 믿음이 생기면 투자를 해봐도 좋겠지만, 그렇지 않다면 다른 투자처를 찾는 게 좋겠다.

지난 6월 11일 업비트 거래소는 페이코인, 퀴즈톡 등 15개 코인을 유의 종목으로 지정했다. 해당 코인들은 순식간에 40%가량 가격이 내려갔다. 유의 종목으로 지정하는 이유는 투자자들에게 경고를 하기 위해서다. 사업을 지속해나갈 능력이 의심되는 코인을 유의 종목으로 지정한다.

사실 일반 투자자들이 어떤 코인의 기술적인 내재 가치나, 코인을 만든 회사의 기술력과 운영 능력을 일일이 알긴 힘들다. 기반 기술, 발행량을 살펴보고 백서를 읽어보면 어느 정도 감 잡을 수 있긴 하다.

어떤 코인이 스캠인지 아닌지 알 수 있는 가장 쉬운 방법이 있다. 바로 구글(Google)이나 유튜브(youtube)에서 해당 코인을 검색해 보는 거다. 검색되는 페이지, 특히 영문 사이트가 많으면 일단은 스캠일 가능성이 낮다고 봐도 된다. 그만큼 세계시장에 알려져 있고, 수요가 있는 코인이라는 뜻이기 때문이다.

코인에 대해 잘 모르고 투자하면, 가차 없이 부정적인 뉴스가 나올 때마다 흔들려 쉽게 손절매를 한다. 그러다 보면 투자금이 금세 반 토막 난다.

미국이나 중국이 암호화폐 시장을 규제한다거나 하는 악재(惡材)가 나오면 비트코인 가격이 내려가곤 한다. 이걸 정확히 설명하면, 가격이 떨어지는데, 이걸 설명하는 재료가 나온 걸로 이해하면 된다. 그 소식 때문에 비트코인 가격 하락이 시작됐다고 단언할 순 없다. 시장에 퍼드(Fud)가 퍼지면 개미들은 손절을 한다. 퍼드는 공포(Fear), 불확실성(Uncertainty), 의심(Doubt)의 약자다. '이대로 비트코인이 없어지는 건 아닐까?' 그러면 큰손들은 저점에서 개미들의 매도 물을 담는다.

코인에 대한 잇따른 발언으로 화제가 된 테슬라 CEO 일론 머스크도 비트코인 단기 고점(高點)에서 일정 부분 수익 실현을 한 뒤, 저점(低點)에서 매수했다고 추측하는 시각이 많다.

대리인에게
투자금 맡기지 마라

둘째, 어떤 종류든 대리인에게 맡기는 투자는 절대, 절대 하지 마라. 암호화폐 특성상 대리인에게 투자금을 맡겨버리면 문제가 발생할 경우 돈을 못 찾는다고 봐야 된다. 암호화폐를 현금화하기 전까진 말이다.

암호화폐 체계에선 '개인 지갑'이라는 걸 만들 수 있다. 지난 6월 FBI가 해커들이 갈취해간 비트코인을 회수하는 데 성공했다는 소식이 전해졌다. 러시아 해킹 그룹 '다크사이드'는 송유관 회사 콜로니얼 파이프라인을 사이버 공격한 다음 비트코인 63.7천 개(약 230만 달러)를 뜯어갔다. 이에 대해 'FBI가 해커들의 비트코인 지갑 암호를 알아냈다'는 식의 해석이 나왔는데, 이건 사실과 좀 다를 가능성이 높다.

비트코인을 소유하게 되면 주소, 개인키와 공개키라는 게 생긴다. 주소는 이를테면 은행 계좌번호 같은 거다. 누군가의 주소를 알면 거기로 비트코인을 보내줄 수 있다. 공개키는 말 그대로 공개돼도 상관없는 소유 증명원이다.

사실 비트코인 거래는 은행에서의 이체보다 부동산 거래 개념과 더 비슷하다. 우리가 땅을 사고 팔 때 땅을 떼어서 날라주지 않는다. 이 땅이 내 것이었는데 오늘부터는 저 사람의 것이라고 등기소에 신고를 할 뿐이다. 비트코인이 A에게서 B로 넘어가면 블록체인에 B의 것이 되었다는 증명이 기록된다. 주소를 알면 이런 거래를 누구라도 추적해서 볼 수 있다.

비트코인의 소유권을 실제로 넘겨주려면 개인키가 필요하다. 이 개인키는 16진법 64자리의 문자열로 되어 있다. 복잡한 함수와 관련된 영역이라 설명은 생략하지만, FBI가 아니라 누구라도 공개키와 주소만으로 개인키를 알아내긴 힘들다. 다만 우회적으로 개인키를 알아낼 수는 있다. 개인키를 저장해놓은 서버를 해킹하는 식으로 말이다. 달리 표현하면, 누군가의 은행 계좌번호만 보고 비밀번호를 추측해낼 순 없지만, 그 사람이 평소 쓰는 노트에 비밀번호를 적어놓은 것을 찾아내면 계좌에서 돈을 인출해갈 수 있다. FBI가 그런 식으로 비트코인을 되찾아왔을 거라는 게 전문가들의 중론이다.

12개의
단어

이더리움 체계에선 메타마스크(Meta Mask)와 같은 지갑 서비스가 있다. 메타마스크의 경우 처음 계정을 만들 때 12개의 영어 단어를 준다. 계정 비밀번호를 분실하더라도, 이 12개의 단어를 순서대로 입력하면 계정을 열 수 있다. 아무 단서 없이 이 단어열을 알아내는 건 실질적으로 불가능하다.

지갑에 자산이 많은 경우, 단어를 어떻게 보관할지가 관건이 된다. 다른 이에게 노출될 경우 자산을 도둑맞을 수 있다.

가장 좋은 건 자신이 12단어를 순서대로 기억하는 것이다. 머리가 좋거나 피나는 노력 끝에 설사 해냈다 해도, 문제는 그 사람이 갑자기 사고를 당할 경우, 가족들이 자산에 접근할 수 없다. 단어들을 알아낼 수 없기 때문이다. 그래서 자산가의 경우 11개 단어를 프린트해 은행 금고에 넣어놓고 1개의 단어는 자신이 외우거나 다른 곳에 기록해놓는 방식을 활용하기도 한다.

개인키나 12단어를 잃어버리면 암호화폐를 찾아낼 방법이 없다. 이런 식으로 유실된 자산이 꽤 많을 거라고 업계 종사자들은 추정한다.

이런 보안성 때문에 대리인에게 투자를 맡기고, 그 대리인이 코인을 빼돌리면 실질적으로 찾아낼 방법이 없다.

이상의 지갑 얘기는 해당 화폐를 개인 지갑에 보관할 때 얘기다. 거래소에서 거래할 때는 개인키나 단어 모음을 보관할 필요가 없다. 거래소에서 보관을 대행해 주기 때문이다. 최소한 암호화폐의 이런 특성을 이해할 수 있어야 비로소 암호화폐에 투자할 조건이 갖춰졌다 볼 수 있다.

3부 **코인의 반란**

'리딩 단톡방', '섀도 매매' 금물

그럼에도 불구하고 코인 투자를 하고 싶다면 거래소에 가입해 현물을 사면 된다. 한 번이라도 증권회사의 트레이딩 시스템으로 주식 투자를 해본 사람이라면 금방 익숙해진다. 이해가 안 되면 주변의 20~40대에게 사용법을 물으면 된다.

어떤 코인이 오를지 알려주겠다며 유료 가입을 유도하는 소위 '코인 리딩 단톡방'도 믿으면 안 된다. 본인들이 그렇게 미래를 잘 예측하면 리딩방 운영 같은 거 안 한다.

'고수'의 매매를 그대로 흉내 내는 '섀도 투자'도 마찬가지다. 지난 5월 20일 비트코인과 이더리움이 30% 이상 폭락한 날, 신문기자 출신의 전업 투자자 고란 기자는 39억 원을 손해 봤다고 한다. 디파이를 이용해 코인을 대출받아 유동성을 극대화했는데, 예상치 못한 속도로 코인 가격이 급락했다. 설상가상으로 바이낸스 스마트 체인(BSC)이 잠시 멈췄다. 상황에 대처하러 이용자들이 갑자기 몰린 탓이다.

이게 무슨 말인가 하면, 비트코인을 담보로 맡기고 다른 코인을 대출했는데 비트코인 가격이 대출 당시보다 내려가서 맡겨놓은 비트코인이 반대매매됐다는 얘기다. 반대매매를 막으려고 비트코인을 추가로 구입해 담보로 채워 넣으려 했지만 이용자들이 몰리면서 대출 플랫폼 접속 자체가 안 됐다고 한다. 그 결과 대출 담보로 맡겨뒀던 코인들이 반대매매됐다.

코인 시장은 365일 24시간 돌아간다. 언제 무슨 일이 일어날지 모른단 얘기다. 전문 투자자도 그러한데 잘 모르면서 남을 따라 매매하는 개인이 상황에 대처할 수 있을까.

거래소
잘 골라야

크립토(Crypto) 세계, 즉 암호화폐 생태계를 공부해야 한다. 초심자에겐 코인에 대한 공부도 필요하지만, 일단 거래소를 고르는 눈이 필요하다. 거래소에서 문제가 생겨버리면 대응이 힘들어진다. 코인마켓캡(coinmarketcap.com) 같은 사이트에서 각 거래소의 거래량 순위, 평균 유동성, 지원화폐 등을 보면 된다.

해외 거래소로는 바이낸스, 후오비, 코인베이스, 쿠코인 등이 상위에 올라 있고, 국내 거래소로는 업비트, 빗썸, 코인원, 코빗 등이 있다. 이 정도면 어느 날 갑자기 문을 닫고 사라질 거래소들은 아니라고 보면 된다. 나머지 작은 규모의 국내 거래소는 신중히 살펴봐야 한다.

코인레일이라는 소규모 거래소가 있다. 2018년 6월 코인레일은 해킹을 당했다고 발표했다. 이더리움을 비롯한 화폐 10종 450억 원어치가 유출됐다고 주장했다. 이 거래소에 해당 코인을 예치해둔 이용자들의 자산이었다. 배상을 위해 이들은 자신들이 자체적으로 만든 코인으로 대신 지불해 주겠다고 했다. 다른 거래소에서는 거래할 수도 없는 코인이었다. 피해자들은 아직도 피해액을 실질적으로 구제받지 못한 상황이다.

큰 규모의 거래소라도 사실 완전하게 안전한 것은 아니다. 2014년 당시 거래량 최상위권의 글로벌 거래소였던 마운트곡스가 해킹을 당했다. 코인 4억 7300만 달러어치를 도난당했다. 큰 거래소라고 안심할 수 없단 얘기다. 개인 지갑으로 그때그때 옮겨놓는 게 가장 안전한 방법이긴 하다.

ICO와
프라이빗 세일

조금 더 내공이 쌓이면 시야를 넓힐 수 있다. 암호화폐 투
자가 국내 거래소에서 사고 팔고 하는 것만이 아니라는 걸
알아야 한다. 사실 코인에 투자하는 가장 좋은 방법은 될성
부른 코인을 ICO 단계나 그 이전의 프라이빗 세일(Private Sale)
단계에서 구입하는 거다.

ICO(Initial Coin Offering)란 새로운 암호화폐를 만들기 위해 불특
정 다수의 투자자들로부터 초기 개발 자금을 모집하고 그 대
가로 코인을 나눠주는 걸 뜻한다. 주식으로 치면 상장 전에
회사 설립 단계에서 투자하는 걸 말한다. 프라이빗 세일은
코인을 만든 팀에게서 제작 단계에서 개인적으로 코인을 구
매하는 걸 뜻한다. 이 단계까지 가려면 암호화폐에 대한 지

식과 이해가 상당해야 한다.

    기자가 만난 한 코인 투자자는 도지코인을 2017년에 개당 7원에 매수했다. 일론 머스크 때문에 화제가 된 코인 말이다. 2017년부터 계속 보유하다가 올해 200~300원대에 매도했다고 한다. 보수적으로 잡아도 4년 만에 약 30배의 수익을 본 셈이다.

급변하는
코인 생태계

코인 생태계는 지금 이 순간에도 변하고 있다. 디파이와 NFT가 급성장 추세다. 디파이(Decentralized Finance)란, 즉 탈(脫)중앙화 금융을 뜻한다. 블록체인상에서 예금과 대출 업무를 하는 것을 말한다. 지금은 각 거래소들이 스테이킹이나 예치 서비스를 제공하고 있다.

NFT(Non-Fungible Token)는 '대체불가토큰' 혹은 '대체불가능토큰'으로 번역할 수 있다. 그림이나 사진, 영상 같은 디지털 파일·자산에 블록체인 기술로 만든 토큰을 꼬리표로 붙이는 식이다. 그러면 같은 디지털 사진이라도 어떤 게 진품이고, 어떤 게 복제품인지 쉽게 구별할 수 있다. 이론적으론 쉽게 복제할 수 있는 모든 문화 콘텐츠에 NFT 기술을 적용할 수 있는데, 이게 실제로 어떻게 실생활에서 쓰일지는 불분명하다. 디파이와 NFT는 지금도 성장 초입 단계라고 본다.

디파이 중에서 비교적 쉬운 투자로 스테이킹을 들 수 있다. 스테이킹 풀(Staking Pool)에 자산을 예치해두고 이자를 받는 방법이다. 은행 이자, 혹은 주식의 배당주를 생각하면 되겠다. 물론 이자가 발생하는 원리는 전혀 다르다.

원금이 보장되는 건 아니다. 자산을 맡길 스테이킹 풀을 잘 골라야 하는 이유다. 빗썸, 코인원, 코빗 등 국내 거래소에서도 스테이킹 서비스를 시작했다. 거래소나 코인 별로 조금씩 다르지만 4~6% 가량의 이율이다. 외국의 경우 변동이율이지만 80%까지 이율을 주는 곳도 있다. 코인에 투자하는 외국의 젊은 세대에겐 은행 적금보다 스테이킹이 더 대중화될 것으로 예상한다.

커지는
메타버스 시장

블록체인을 타고 메타버스 세계도 열렸다. 메타버스 (Metaverse)는 가상·초월(Meta)과 세계·우주(Universe)를 합친 말이다. 말 그대로 가상세계를 뜻한다. 1992년 닐 스티븐슨(Neal Stephenson)의 소설 『스노 크래시』에서 처음 등장한 용어다. 이 소설엔 '아바타(Avatar)'라는 개념도 처음 등장했다. 소설 속 주인공이 '아바타'라는 가상의 캐릭터로 '메타버스'에 들어간다는 내용이다.

블록체인 세계에서 메타버스는 이제 성장 초입 단계다. 가상 부동산 게임인 '어스2'와 가상세계인 '디센트럴랜드'를 예로 들 수 있다. 어스2는 지구를 똑같이 가상세계에 옮겨놓고 그 안의 토지들을 사고 팔 수 있게 했다. 현실의 나는 뉴욕의

센트럴파크 인근 땅을 소유할 수 없지만, 어스2에서는 가능하다. 대도시 같은 전통적인 인기 입지뿐 아니라, 올림픽 개최 예정지나 자원이 많이 묻힌 것으로 예상되는 곳은 벌써 땅값이 많이 올랐다. 물론 모든 거래는 코인으로 이뤄진다.

가상세계 공간이었던 '세컨드 라이프'를 생각하면 된다. 암호화폐에 기반한 경제가 결합되어 있다는 게 차이점이다. 디센트럴랜드 안에서는 땅을 사서 수익 창출을 할 수 있다. 갤러리를 세워서 그림을 전시한 후 입장료를 받을 수도 있다. '마나'(디센트럴랜드, Mana)라는 코인이 쓰인다.

디센트럴랜드 안에는 카지노도 있다. 들어가서 마나를 쓰면서 도박할 수도 있다. 마나를 이용해 그곳에 놀이공원을 세워서 직접 영업할 수도 있다. 가상현실(VR · Virtual Reality) 기술이 발전할수록 디센트럴랜드 같은 가상공간에 중독되는 인구가 늘 것으로 예상한다. 그 안에서 친구를 사귀고, 결혼도 하고 직업도 갖는 식으로 말이다.

실제로 지난 3월 디센트럴랜드의 카지노는 직원 채용 공고를 냈다. 카지노 객장 관리 업무를 하는 자리였다. 거기에서 일한다면 이런 삶을 살게 될 것이다. VR 기기를 착용하고 근무를 한다. 월급은 코인으로 받는다. 현실에서 생활비가 필요하면 현금화를 해서 밥을 먹고 옷을 입는다. 다시 가상세계로 돌아간다.

디센트럴랜드가 알려지면서 그 안의 '법정 화폐'인 마나 코인의 가격도 많이 올랐다. 2017년 10월엔 11원쯤이던 것이, 지난 6월 12일 기준 807원이 됐다. 3년 8개월 만에 70배 이상 올랐다.

암호화폐의 트렌드를 조금이라도 빨리 알려면 영어를 할수 있어야 한다. 실시간 코인 정보는 대부분 영어로 소통된다. 하다못해 일론 머스크가 트위터에 한 번씩 올리는 수수께끼 같은 메모도 다 영어다. 영어로 된 정보를 해석하지 못하면서 코인 투자를 하는 것은 시장에서 오를까 내릴까 홀짝 게임을 하는 것과 별로 다를 바 없다.

비트코인 선물 투자는 금물

비트코인 선물 투자는 절대 말리고 싶다. 현물 투자가 아닌 선물 투자를 말한다. 비트코인 선물은 이미 초고수의 영역이 됐다. 수십억 원 이상의 투자금을 굴리는 큰손들의 시장이 돼버렸다. 비트코인 금액이 너무 오른 데다, 변동성도 크기 때문이다.

지난 2021년 5월 18일 아침에 약 5100만 원이던 비트코인 가격이 다음 날 19일 저녁에는 4000만 원 아래로 떨어졌다. 선물로 돈 좀 벌어볼까 하고, 몇천만 원 들고 호기롭게 들어섰다간 몇 시간 만에도 청산당할 수 있다. 선물에서의 청산이란 투자금을 모두 날리는 걸 의미한다. 거래소가 가져간다. 위아래로 출렁이는 변동에 견디고, 청산당하지 않으려면 초기 투자금 자체가 커야 한다. 처음부터 안 하는 게 낫다.

블록체인기술로 구현되는 탈중앙화

　처음에는 암호화폐에 대해 의구심이 컸다. 하지만 크립토 세계를 취재하면서 생각이 조금 바뀌었다. 블록체인 기술로 구현되는 탈(脫)중앙화는 분명히 미래가 나아갈 방향 중 하나라는 생각이 들었다. 암호화폐는 블록체인 내에서 이미 화폐로 쓰이고 있다. 물론 그 과정에서 살아남는 기술, 코인이 있고, 낙오되는 것들이 있을 것이다. 카세트테이프나 LP판이 디지털 음원으로 가는 과정에서 엠피스리(mp3)가 등장했던 것처럼 우리는 패러다임이 바뀌는 과도기 한가운데에 서 있는지도 모른다.

(◉ 월간 조선 2021. 7월호)

4부

머니게임과
가상자산

1장

머니게임에
참여하여
승자가 되자

머니게임에
참여하여야 하는 이유

네트워크 마케팅의 마력과 한계에 대하여 살펴보았다. 수많은 폰지 사기꾼들이 다단계 판매-네트워크 판매 간판을 내세워 합법을 위장한 회사를 설립하여 수많은 피해자를 만들었다. 돈을 벌려고 하고, 벌어야 하는 것은 누구나 공통으로 가지고 있는 욕망이자 의무이다. 머니게임에 참여해야 하는 이유이다. 네트워크 판매가 아닌 머니게임에 참여해야 한다.

머니, 돈은 무엇인가? 우리는 왜 돈을 벌려고 하는가? 돈으로 우리는 무엇을 할 수 있다고 생각하는가? 여러분의 지갑에 두둑이 돈이 있으면 여러분은 어떤 느낌을 가지게 되는가? 우선 편안한 자유를 느낄 수 있을 것이다. 무엇이든 살 수 있고, 할 수 있다는 자유의 느낌, 편안한 느낌을 가질 수 있다. 내가 할 수 있는 능력이 향상되었다는 느낌, 그래서 안전하다는 느낌도 가질 것이고, 내가 사랑하는 사람도 도울 수 있는 힘이 있고, 심지어 가난한 사람을 도울 수 있는 능력이 있다는 느낌도 가질 것이다. 아무튼 나는 내 마음껏 살 수 있는 선택권이 있는 것 같은 느낌을 가질 수 있을 것이다. 여러분은 모두 '돈은 우리 마음속의 꿈을 현실로 바꿔주는 수단 중 하나'라는 생각에 동의할 것이라 생각한다.

'돈은 고통인가? 축복인가? 게임인가? 짐인가?' 부유한 사람들은 대부분 돈을 게임이라고 생각하기에 수십억 원의 재산을 모으고도 하루에 10~12시간씩이나 돈을 벌기 위한 일을 한다고 한다. 그들은 투자는 게임이며, 게임의 목적은 수백억 원을 버는 게 아니라 재무적 자유를 얻는 것'이라는 인식을 가지고 있다고 한다.

당신은 아직도 머니게임에 참여하지 않았는가? 부에 이르는 방법은 간단하다. 머니게임에 참여하고 머니게임에서 이기는 방법을 찾아 내면 된다. 여러분은 지금 머니게임에 참여하고 있는가? 여러분이 잠든 시간에도 여러분의 돈은 불어나고 있는가?

만약 머니게임에 참여할 시드머니가 없다면 우선 최대로 절약하여 아주 작은 돈이라도 시드머니를 만들어야 한다. 피라미드 사기에 가입비를 내면 그 가입비는 사라져 버리지만 여러분의 머니게임에 시드머니를 투자하면 그 시드머니는 여러분이 잠들고 있는 사이에도 불어난다. 이러한 확신이 있다면 여러분은 분명 시드머니를 만들 수 있을 것이다. 피라미드 사기에 현혹되어 가입비를 만들던 그 열성으로라도 말이다.

머니게임에
참여하기

TV의 '나는 자연인이다' 프로를 단 한 번이라도 본 적이 있을 것이다. 깊은 산속으로 들어간 자연인일수록 돈이 없어도 행복하게 생활하는 모습을 보았을 것이다. 깊은 산속으로 들어갈수록 재무적 자유의 필요 비용이 최소화된다는 것을 알 수 있다. 도시에서는 어떤가? 재무적 자유를 얻기 위한 비용이 상대적으로 높다. 때로는 라면으로 겨우 끼니를 잇는 정도의 어려움의 재무적 속박에서 허덕이는 경우도 있을 수 있다. 재무적 속박에서 벗어나기 위해 친지나 지인에게 돈을 빌려본 적이 있는가?

재무적 자유를 얻기 위해서는 머니게임에 참여하여 내가 잠을 자는 동안에도 돈을 벌 수 있어야 한다. 근면과 절약을 통해 시드머니를 만들어야 하는데 이 시드머니가 생겼을 때 여러분은 이를 모두 재무적 자유의 확대에만 사용하지 않고 머니게임에 참여하는 시드머니에도 참여하여야 한다. 그래야 돈이 불어나고, 확실한 재무적 자유의 길이 가까워진다.

우리 주변의 머니게임은 은행의 펀드 저축으로부터, 채권, 주식, 부동산 등의 자산 투자까지 아주 많다. 금리가 1% 내외인 은행 저축보다는 펀드, 채권, 주식, 부동산 등 자산 투자가 유리하다. 일단은 생활비를 쪼개고, 절약해서라도 시드머니를 만들고, 자산 투자 대열에 참여하여 자는 동안에도 돈이 불어나게 하기 위해서 머니게임에 참여하자. 머니게임에 참여하는 것은 재무적 자유를 얻기 위한 것이지 돈을 모으는 목적이 아니라는 사실을 명심하자.

머니게임의 승자가 되기 위해 필요한 정확한 예측

머니게임에 참여하는 길은 의외로 간단하다. 시드머니가 준비되었는가? 폰에서 증권 앱을 다운로드 한다. 증권회사 앱은 증권회사마다 모두 있다. 물론 다운로드 비용은 공짜이다. 앱을 깔고 계좌를 개설한다. 시드머니를 계좌에 송금한다. 요즘 앱은 아주 정교하다. 국내외 주식, 채권, 선물, 금, 외화거래 모두를 할 수 있다. 처음에는 채권투자나 주식투자가 쉽게 할 수 있는 머니게임이다. 다음의 머니게임은 차차 알아가면서 하면 된다.

가장 중요한 마인드 컨트롤, 부처의 마음으로 객관적 사실 판단에 의해서만, 수집, 제공받은 정보에 의해서만 냉철하게 게임에 임하면 된다. 서점에 가면 주식투자 요령, 채권투자

요령 등에 관한 서적도 손쉽게 구할 수 있다.

머니게임에서 승리하는 길은 정확한 예측에 있다. 정확한 예측은 다양한 정보수집, 정밀한 판단, 냉철한 통찰력이 중요하다.

여러분들은 한참 게임의 취미에 빠진 초등학생 나이의 조카 등이 같이 게임을 하자고 조르는 경험을 한 적이 있는가? 마지못해 같이 게임해 본 적이 있을 것이다. 그리고 백전백패, 그 결과는 뻔히 예측된다. 왜 그럴까? 초등학생 조카는 그 게임을 많이 한 경험으로 게임의 시나리오를 처음부터 끝까지 정확하게 외우고 있기 때문이다. 정확하게 예측을 하고 게임에 임하는 조카를 이길 방법은 없다. 머니게임에서도 정확한 예측으로 게임을 하는 사람을 이길 방법은 없다.

머니게임에 이기기 위해서는 정확한 예측이 필수적이다. 경제 신문, 전문 서적, 증권 앱 등을 통한 정보수집, 간접 경험으로 정확한 예측능력을 키워 머니게임에 승리하자!

머니게임에서
이기기 위한 팁[1]

머니게임에 이기기 위해서는 정확한 예측이 필수적이라는 사실은 이미 이야기했다. 이외에도 머니게임에서 이기기 위한 팁은 또 있다.

1. 돈의 주인이 되자

'돈은 충직한 하인이지만 못된 주인이기도 하다.'
— 프란시스 베이컨

돈은 인간에게 극적인 감정을 불러일으키는 힘을 가진 단

---

1. 토니 로빈스, Money. 알에이치 코리아, 2014

어 중의 하나이며, 이보다 더 강력한 힘을 가진 단어는 목숨 이외에는 없다고 해도 과언이 아니다. 그러나 사람들은 대부분 돈을 주제로 이야기하는 것을 좋아하지 않는다. 종교와 섹스와 정치처럼 돈은 식사 자리에서 거의 금기사항이기도 하다. '돈'은 '부'라는 용어에 비해 천박하고 너무 노골적이라고 생각하기도 하여 화제로 삼는 것을 피하려 하기도 한다. 지인 사이에 돈거래는 가급적 하지 말라고도 하며, 특히 형제간이나 매우 가까운 지인 사이의 돈거래는 가급적 피하라고도 한다.

돈은 타인의 서비스를 얻고 유복한 삶을 살기 위한 수단이자 힘의 원천이다. 이렇게 돈은 꼭 필요하기도 하고 중요한 것이기도 하지만 돈이 으뜸의 가치는 아니기도 하다. 그럼에도 돈의 갈망에 사로잡혀 자신과 주위 사람 모두를 파괴하는 사람도 있고, 돈을 얻기 위해 훨씬 귀중한 건강과 시간과 가족과 자긍심까지 버리고 심지어는 진정성마저도 기꺼이 포기하는 사람도 있다. 돈이 사람을 이용하는 경우- 돈의 노예가 된 경우라 할 수 있다.

돈은 우리 마음속의 꿈을 현실로 바꿔 주는 수단 중 하나인 것은 분명하지만 돈이 우리를 이용하는가 우리가 돈을 이용하는가에 따라 돈은 짐이 되기도 하고 축복이 되기도 한다. 또는 돈이 짐이 되기도 하고 게임이 되기도 한다.

돈이 게임이라니 말도 안 된다고 생각하는 사람도 많을 것이다. 그러나 재무적 성공으로 재무적 자유를 누리는 사람들은 돈이 게임이라고 생각한다는 것이다.[2] 그들은 돈을 게임이라 생각하며 수십억 달러의 재산을 벌고도 하루에 10~12시간씩 즐겁게 일을 한다는 것이다. 어떤 사람은 옆에 앉아 다른 사람의 게임을 구경만 하고, 어떤 사람은 이기기 위해 직접 게임에 참가한다. 이 게임은 여러분과 여러분의 가족을 위해서라도 져도 좋은 게임이 아니다.

돈의 노예가 되어 자신과 주위 사람 모두를 파괴하는 사람이 되거나 방관하는 사람이 되지 말고, 돈의 주인으로 머니게임에 참여하여 이겨야 한다.

---

2. Money. 토니 로빈스. '세상에서 가장 부유한 사람들을 많이 인터뷰했고, 그들 대부분은 돈을 게임이라고 생각한다.' 옮긴이 조성숙. 2015.8.14. 알에이치코리아

4부 머니게임과 가상자산

2. 머니게임의 규칙을 파악한다

규칙을 파악하고 머니게임에 뛰어들어야 한다. 여러분들 중에는 머니게임 중의 하나인 주식투자에서 사면 빠지고, 팔면 오르는 경험을 한 적이 있을 것이다. 비쌀 때 사고 쌀 때 팔기 때문이다. 우리는 시장이 내리막길에 들어서 감정적 고통을 더는 감당할 수 없을 때 주식을 판다. 그리고 시장이 오르면 더 산다. '강세장은 섹스와 비슷하다. 끝나기 직전이 기분이 가장 좋다.' 미국의 유명한 투자 전략가인 마틴 버그스가 한 말이다.

재무적 투자에 있어서 낙관, 흥분, 스릴의 단계를 거쳐 희열의 단계에 이르고, 걱정, 부인, 두려움, 절망, 패닉, 조건부 항복, 낙담, 우울의 단계에 이르게 되며, 희망, 안심, 낙담의 단계까지 이르게 된다. 재무적 투자의 대표인 주식투자에서도 이와 비슷한 사례를 경험해 보았을 것이다. 재무적 기회가 최고조인 시기에 사고, 재무적 위험이 최고조인 시기에 팔면 주식투자는 성공한다. 그러나 실제로는 매우 어렵다. 그렇지만 이 규칙만이라도 정확히 이해하고 재무적 게임에 뛰어든다면 승리할 가능성이 더 높아질 것이다.

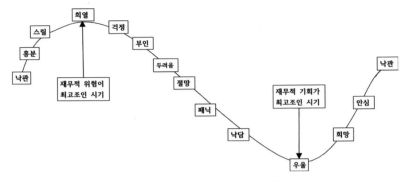

투자 심리도 –출처 Money, 토니 로빈스

　주식시장에서 시장을 이긴다는 생각은 금물이다. 심지어 저평가된 주식을 찾는 일에 놀라울 정도로 탁월한 능력을 뽐내는 워런 버핏조차도 일반투자자는 결코 종목 선정이나 시장타이밍을 노리는 것을 시도조차 하지 말아야 한다고 권유하고 있다. 다만 주식 종목 중 여러 종목을 골라서 분산 투자하는 도중 종목 탐구, 주식 차트를 관찰하면서 그중에 가장 유망한 종목을 고르고 집중하여 투자하는 방법을 추천하는 전문가들이 많다. 시장의 흐름과 개별 종목의 투자심리가 반영된 주식 차트를 파악하면서 유망 종목을 선정하여 집중하여 투자하는 방법이다.

3. 게임의 승리가능성을 높이자

모든 사람은 꿈을 꾼다. 그러나 똑같게는 아니다.

– T. E. 로렌스

승리하는 꿈, 달성할 수 있다는 꿈을 가져야 승리 가능성을 높일 수 있다. 머니게임으로 10억을 벌겠다고 목표를 정했을 때 "웬 헛소리야!" 하는 목소리가 머릿속에서 울려 퍼지는 경험을 했을 것이다. 우리가 정한 목표를 이루기 위해서는 그 목표가 무의식에 완전히 배어들어서, 마음속에 아주 강력한 일부로 자리를 잡고, 구태여 그것을 떠올리지 않아도 하루에 10만 번씩 심장이 뛰게 만드는 정도는 되어야 한다.

우리의 뇌가 위와 아래로 절반씩 나뉘어 있다고 생각하고, 위쪽은 의식적 정신이고 아래쪽은 무의식이라고 생각해 본다.

"나는 10억 원을 벌 거야.", "나는 마흔 살에는 금전적으로 자유로워질 거야." 이런 생각을 한다. 그런데 위쪽에 있는 뇌는 즉각적으로 반발한다. "네 능력으로 그게 가능할 것 같아?"라고 말이다. 의식적 뇌는 큰 포부를 즉시 거부하고 그 생각을 테니스공을 쳐내듯이 튕겨 낸다. 그러나 "내가 꼭 해낼 거야."라는 절대적인 확실성을 가지고 굳게 다짐하는 순간 계획을 짜는 자신을 발견하게 되고, 정말로 이룰 수 있다는 확실성이 자라나게 된다.

여러분은 재무적 꿈을 완수하는 데 필요한 돈을 생각하고 목표로 정한 후에 "꼭 해낼 거야." 하는 절대적인 다짐으로 계획을 짜서 머니게임에 임하여 게임의 승리 가능성을 높여야 한다. 신념의 마력은 신비하다.

인간행동의 바탕에는 확실성, 불확실성과 다양성, 남다름, 사랑과 연결, 성장, 공헌이라는 6가지 니즈가 있는데 이 니즈를 해결하는 데 얼마의 돈이 필요한지 생각해 보고, 그 금액을 목표로 정하여 절대적인 확실성의 믿음으로 게임에서 승리하자.

4. 평생을 좌우할 투자결정-분산 투자

절대로 두 발로 강의 깊이를 재려 하지 마라.
- 워렌 버핏

생각도 하지 못했는데 직장에서 1천만 원의 상여금을 받았다. 아니면 1억 원의 상속을 받았다. 이 돈을 어떻게 할 것인가? 정기예금이나, 펀드에 넣을 것인가, 가상화폐에 투자할 것인가, 주식에 투자할 것인가, 부동산에 투자할 것인가? 당신의 생각은 분분하게 될 것이다. 이 돈을 한 군데 투자할 것인지, 아니면 골고루 나누어 투자할 것인지 고민하게 될 것이다.

자산 배분은 당신의 재무적 미래를 결정하는 중요한 열쇠이며, 당신의 인생을 좌우할 가장 중요한 투자 결정이다. 머니게임에 참여하여 가능한 한 오래 게임을 유지하려면 무턱대고 아무 데나 돈을 넣어 가진 돈을 잃지 말아야 한다. 누구나 부를 쌓을 수 있지만 그 부를 유지하는 비결은 자산 배분이다.

자산 배분은 자신의 목표나 니즈, 위험 감수 수준, 인생 단계에 맞게 구체적인 포트폴리오 비율을 정하여 놓은 후 채권, 주식, 원자재 상품시장, 부동산 등에 돈을 나누어 투자하는 것을 말한다. 세계의 초고수 금융전문가들은 자산 배분 원칙을 절대 어기지 않는다.

5. 완전 무결한 올웨더(All weather)전략 - 포트폴리오

— Money (토니 로빈스)
이길 수 없을 때는 방어하고 이길 수 있을 때는 공격하라.
— 손자병법

1971년 8월 15일 저녁 미국 뉴스 네트워크 3사의 정규방송이 예고 없이 일제히 중단되고 닉슨 미국 대통령이 등장하여 침통한 어조로 다음과 같이 선언했다. "저는 코널리 재무장관에게 달러의 금태환을 잠정 중단하도록 지시했습니다."

몇 단어 안 되는 이 짧은 문장의 선언은 달러가 이전의 달러와 영원히 다를 것이라는 사실을 선언한 것이었다. 달러 가치가 더 이상은 금에 연계되지 않는다는 의미였다. 닉슨의

이 선언으로 달러화는 그냥 종이돈으로 변해 버렸다.

1971년 대학을 졸업한 후 뉴욕증권거래소의 서기로 취직한 레이 달리오는 이 소식을 자신의 아파트에서 들으면서 자신의 귀를 의심했고, 닉슨의 금본위제 철회 결정이 어떤 영향을 미칠 것인가 생각해 보기 시작했다. 시장에는 무슨 의미를 지니는가? 미국의 달러화와 그 달러화가 앞으로 세계에서 가지는 위상은 어떤 변화가 있을 것인가?

레이는 "돈의 정의가 달라진다는 것이야. 내 생각에 이건 위기 같아. 시장이 급락할 것이야."라고 생각하고 이것 하나는 확실할 것이라 생각했다. 그러나 다음날 다우존스지수는 거의 4퍼센트가 올랐고, 주가는 1거래일 상승으로는 사상 최고치를 기록했다. 금값도 폭등했다. 대다수 전문가가 직관적으로 생각했던 예측과는 정반대의 결과였다.

그리고 달러의 가치를 '시장의 평가에 고스란히 맡기기로' 결정한 덕분에 인플레이션 폭풍의 조짐이 보였으며 1973년의 1차 오일쇼크가 일어났고, 2008년의 금융위기도 발생했다. 이 모든 것이 예고도 없이 갑자기 찾아와서 엄청난 변화를 야기한다는 것에 착안한 레이는 돌발사태를 예상하기 위해 자기 나름의 절차를 개발했다.

생각할 수 있는 모든 시장 환경을 다 분석하고, 그것이 특정 투자에 미치는 영향을 파악하여 어느 곳에서 튀어나올지 모르는 미지의 사건에 대비하는 투자 전략을 수립하려고 노력하였다. 그는 올웨더 투자 전략 – 경기의 춘하추동의 예상 조건 및 영향을 분석하고 상황에 맞는 포트폴리오 투자 전략으로 세계 최대의 헤지 펀드를 성공적으로 운용하였다.

여러분들은 주식투자에 있어 한 업종, 특정 종목에만 집중 투자하는가? 아니면 대내외 시장 여건 변동 흐름과 개별 주가의 움직임과 주기지수의 변동, 주도주의 추이, 예상을 감안하여 포트폴리오 전략 투자를 하고 있는가? 주식 부분에 포트폴리오 전략을 사용하고 있다면 다른 자산 투자 부분에도 적용하여 올웨더 투자전략으로 평생 성공하는 소득 계획을 수립하자.

시장 환경의 분석과 포트폴리오 전략의 수립에 도움이 되는 자료들은 구글과 네이버 등을 검색하거나 증권회사들의 앱에서도 얼마든지 구하여 이용할 수 있다.

2장

가상자산의
위험 요인과
제도화 현황

가상자산(코인)을 이용한 사기 위험에 대하여

최근 온라인 가상화폐(Virtual Currency)인 비트코인(Bitcoin) 거래 가격이 급속하게 치솟아 사상 최고치를 경신하는 등 투자라기보다는 투기 과열이 염려되는 상황이 나타나고 있다. 하루 거래량이 1조 원을 넘는 등 가상화폐 시장이 급속도로 커져가고 있으며 각종 범죄에 악용될 우려 또한 높아지고 있다. 따라서 이를 관리 감독할 법적인 장치를 마련하는 등 대책 마련이 시급하다.

특히 코인(가상화폐) 마케팅을 이용한 폰지 사기 불법 다단계는 말할 것도 없고 핀테크 신기술을 내세워 투자나 재테크 등으로 포장하여 부추기면서 사람들을 현혹시키고 있는 코인사기들이 기승을 부리고 있다.

비트코인 옹호자들은 "앞으로 미래에는 사람들이 현금 없이 비트코인을 사용하게 될 것이다.", "그리하여 앞으로 계속 가치가 천정부지로 상승할 것이므로 투자가치가 높다."라고 부추긴다. 그러한 가운데 제1금융권이라 불리는 제도권 은행에서조차 은행원들 사이에서 비트코인 투자가 인기라 하는데 금융기관의 임직원들이 제도권 밖의 가상화폐에 투자를 하는 아이러니한 현상이 벌어지고 있다.

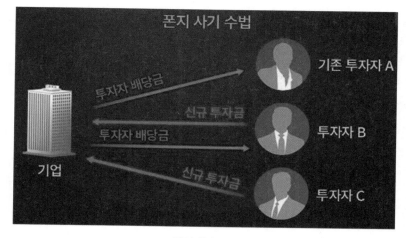

폰지 사기도표

어느 인터넷 블라인드 앱에는 "가상화폐에 투자하여 소액 투자로 몇 달 사이 거액을 벌었다."라고 하면서 자신의 수익을 자랑하는 글이 올라오는 시점에 이런 현상에 대한 각종 언론 기사 제목들은 "가상화폐 '광풍' 비트코인, 신중론 고개 드나?", "'가상화폐 투기'라면서… 손 못 쓰는 당국", "자칫했다간 '쪽박'… 가상화폐 투기 광풍 주의보", "'짝퉁 가상화폐'로 100억 원대 투자사기…", "가상화폐 사기로 611억 원 챙긴 일당 적발", "가상화폐 사기 비트코인 다단계 기승" 등으로 가상화폐에 대한 위험성 기사를 많이 볼 수 있었다. 그럼에도 불구하고 매일같이 가상화폐에 관한 기사를 접하지만 대한민국 국민들의 최근 가상화폐에 대한 관심은 어느 업종을 불문하고 불법·합법 여부를 떠나 코인 거래소든 코인채굴업체든 돈만 된다 하면 투자가 아니라 투기로 불나방처럼 뛰어들고 있다.

　인류 역사상 기록된 최초의 투기는 네덜란드 튤립파동(Tulip Mania)이다. 튤립파동은 17세기 네덜란드에서 벌어진 과열투기 현상으로 사실상 세계 최초의 거품경제 현상으로 기록되고 있다. 당시 네덜란드는 최고의 황금시대로 튤립파동 정점은 1637년 2월이었다. 그때 당시 튤립 한 뿌리의 거래 시세는 숙련된 기술자의 1년간 버는 수입의 10배였다고 한다. 당시 숙련된 장인의 한 달 수입이 300플로린인데 반해 튤립 뿌리 하나의 가격은 크기에 따라 3000~4200플로린에 달했다. 1636년 내내 튤립 알뿌리의 거래가격이 하루에도 2~3배씩 오를 때가 있었고 한 달 동안에 몇 천 퍼센트 상승하기도 했다.

17세기 가장 비싼 튤립으로 거래됐던 Semper Augustus(센퍼 아우구스투스/영원한 황제)는 1636년 당시 가장 비싼 최상급 튤립 알뿌리 하나로 살찐 돼지 8마리, 살찐 황소 4마리, 살찐 양 12마리, 밀 24톤, 와인 2통, 맥주 60리터, 버터 2톤, 치즈 450kg, 옷감 108kg, 은 술잔 그리고 침대 시트 등 모두를 살 수 있는 돈이었다. 그러나 어느 순간 가격이 하락세로 반전되면서 팔겠다는 사람이 넘쳐났으므로 거품이 터졌다. 상인들은 빈털터리가 되었고 이러한 파동은 네덜란드가 영국에게 경제 대국 자리를 넘겨주게 되는 한 요인이 되었다. 튤립파동(Tulip Mania)이란 용어는 자산 가격이 실질적인 가치에서 벗어난 경제거품을 비유할 때 자주 사용되곤 한다.

오늘날 가상자산(코인)이 가치를 지니기 위해서는 시중에서 현금으로 환전될 수 있어야 하고 이를 위해 가상자산(코인) 발행업체가 가상자산(코인) 가치를 담보해 줄 수 있는 실질 자산을 발생 보유하고 있어야 한다. 그러나 불구하고 대한민국에서 거래되는 비트코인을 비롯한 가상자산은 발행업체나 채굴업체들 모두 아무런 실질자산을 보유하고 있지 않아 현금으로 환전할 수 없다. 그러므로 실제로 어떠한 가치도 가지고 있는 것이 아니다. 실제로 요즘은 블록체인 기술을 가진 똑똑한 사람이라면 여건만 되면 누구나 쉽게 가상화폐를 채굴할 수 있다는 게 현실이다.

대한민국에서 유사 수신 행위란, 유사 수신 행위의 규제에 관한 법률에 의한 허가나 인가를 받지 않고 불특정 다수로부터 출자금 등의 명목으로 원금 이상의 금액을 반환할 것을 약정하면서 자금을 조달하는 '무허가 유사 금융업'을 말한다.

코인 거래소가 금융기관의 기능을 수행하기 위해서는 은행법이나 저축은행법에 따라 인·허가를 받고 등록해야 하지만, 그렇지 않고 금융기관처럼 행동하는 하는 것이다. 수신업무를 하긴 하지만 '유사'하게 속여 돈을 받아내는 행위를 하는 것이고 이는 엄연한 '금융사기'에 해당된다.

대한민국에 소재하는 코인을 이용한 불법 다단계는 말할 것도 없고 금융감독원에 정식으로 등록되지 않은 코인 거래소와 이들 코인 거래소에서 매매하는 비트코인이나 이더리움 등의 코인 사업이 합법인지는 우리 다 같이 한번 생각해 볼 필요가 있다.

비트코인은 사이버상의 디지털 화폐로 처음부터 중앙은행에서 인정하고 보장하는 화폐도 아니거니와 블록체인 기술을 최초로 만들어 낸 것도 아닌 블록체인 기술을 응용한 '사이버상의 가상 아이템'에 불과한 것뿐이라 할 수 있다.

대한민국에서 규제 밖에 놓인 코인 거래소는 국내에서 정식 화폐로 인정받지 못한 가상자산을 거래하는 법적 규제도 세금도 받지 않는 제도권 밖의 금융 업체였다. 모든 투자가 그러하듯이 가상자산에 대한 투자 역시 지금까지 성공적이었다 할지라도 앞으로 계속 성공을 보장받지는 못한다. 그리고 이에 관련된 제도나 규제가 마련되지 않아 서버 해킹과 유사 코인에 의한 피해 사례가 늘어나고 있었다. 매달 25%의 수익률을 낸다고 하는 어느 코인 거래소의 서버에서 55억 원 상당의 비트코인이 사라져 5천 명이 약 50억 원을 날렸다는 기사가 언론에 보도되기도 했다. 높은 수익률에만 끌려 무턱대고 투자하기에는 아직 위험이 크다는 게 현실이다. 가상자산 거래소에서 일어날 수 있는 부작용의 가능성을 최소화하기 위해 금융감독원에 가상자산취급 업체를 금융자산관련 업체로 등록하는 법안을 하루빨리 마련하여 가상자산 관련 업체를 제대로 관리 감독하는 것이 필요하다. 금융당국은 가상화폐 투자자를 보호하기 위해 하루빨리 관리 감독 대책을 세워야 한다. 2021년 3월 25일 시행된 특정금융정보 거래법 개정 법률은 이들 가상자산 거래에 관한 금융당국의 관리감독방안을 포함하고 있다.

가상자산(코인)이용
사기 사례

— e코인(가칭) 50원에서 2원으로 폭락

다음은 2019년 8월 중순의 'e코인' 설명회 초청장의 내용이다.

"향후 10년 정도는 'e코인'보다 더 기술적(블록체인, 빅데이터, AI, 금융 보안, 포털서비스 등)으로 완벽한 암호화폐는 나오기 힘들 것입니다. 다시 말해 코인을 실생활에 사용하는 지불경제 플랫폼으로서는 초일류 대기업들이 추구하고자 하는 모든 것을 다 갖춘 '일등코인!' '리얼코인(Real Coin)!', '리얼페이(Real Pay)!'라 할 수 있습니다. 'e코인' 설명회를 국회에서 실시하니 참관하시기 바랍니다."라는 내용이다.

그때 당시, e코인의 매출액이 약 1,500억 원으로 하루 매출액이 50억~70억 원이라는 말이 나돌고 있었다. 그렇지만 e코인은 전형적인 불법 다단계 유사 수신 폰지 사기 바로 그것이었다.

'e코인'은 당시 국회의원회관 대회의실에서 대규모 국회 컨퍼런스를 개최하면서 전직 국무총리와 현직 국회부의장을 비롯해서 전·현직 고위 공직자와 현역 국회의원들과 함께 2천여 명이 참석하는 대대적인 행사로 개최할 것이라며 대대적인 홍보에 나섰다.

그러나 그 후 'e코인'은 최고가 50원에서 2원으로 폭락하여 많은 피해자를 양산하였다.

가상자산(코인)의
제도권 진입을 위한 입법 및 시행

– 특정 금융 정보 거래법 개정안의 시행

(출처:시사매거진(http://www.sisamagazine.co.kr), 2021.07.06. 임정빈기자)

2020년 3월 5일 암호화폐 거래소 신고제를 도입하는 내용의 '특정금융정보법(특금법)'개정안이 국회 본회의를 통과했다.

개정된 특금법은 기존에 은행 등 금융기관에만 부여하던 자금세탁방지(AML), 테러자금조달방지(CFT) 의무를 암호화폐 거래소 등 가상자산 사업자(VASP)에게도 부여하는 게 골자다.

암호화폐의 제도권 진입을 뜻하지만, 신고요건을 갖추지 못한 중소 거래소들이 대거 폐업하면서 블록체인 산업의 구조조정이 예상되는 입법이었다.

특금법에 따라 가상자산 사업자는 ①'실명확인 입출금계정 서비스'(가상통화 거래 실명제)와 ②정보보호관리 체계(ISMS) 인증 등을 갖추고 금융위 금융정보분석원(FIU)에 신고해야만 사업을 할 수 있도록 규정하였다.

2021년 3월 23일 '특정금융정보법(특금법) 시행령'이 시행되었다.

2021년 3월 23일부터 개정 시행된 특정금융거래정보법(이하 특금법)은 가상화폐 특금법의 성격도 가지게 되는 법으로 시행되었다. 이 법에 따라 암호화폐거래소는 정보보호 관리체계를 인증 받아야 하고, 실명 확인 입출금 계좌를 발급받는 것이 필수 요건이 되었다. 암호화폐거래소는 코인 같이 눈에 보이지 않는 가상 자산의 거래 투명성을 높이기 위해 노력하고, 투자자들 역시 안전한 사이트에서의 거래를 선호하게 되면서, 이를 두고 암호화폐 시장이 떠들썩하다.

당국이 직접 검증… '잡코인 정리' 속도낸다

국내 거래량 1위 암호화폐거래소 업비트가 페이코인, 마로 등 5개 코인을 원화 마켓에서 제외한다는 소식이 전해지면서 투자자들을 당황하게 했다.

이에 이어 금융감독원이 암호화폐거래소에 상장폐지 코인 리스트와 투자 유의 종목 지정 코인 목록을 제출하라고 한 것은 '업비트 쇼크' 때문으로 풀이된다. 업비트는 2021년 6월 11일 오후 기습적으로 25개 코인에 대해서는 투자유의 종목 지정, 5개는 원화 거래 지원 중단 예정 공지를 냈다. 이후 시장이 대혼란에 빠지고 투자자들의 불만도 폭주했다.

이에 따라 알트코인(비트코인을 제외한 암호화폐), 이른바 '잡코인' 구조조정은 더욱 속도를 낼 것으로 전망된다. 금융 당국이 거래소들과의 비공개 간담회 개최나 실사 계획을 밝힌 적은 있지만, 거래소들에 직접 리스트를 요구한 것은 성격이 다르기 때문이다. 금융 당국은 "사업자에 대한 관리 감독 주무 부서로 시장에 대한 동향을 확인하는 차원"이라며 확대해석을 경계했지만, 업계에서는 사실상 '살생부를 달라는 것 아니냐'

라며 긴장하는 분위기가 역력하다.

애초 금융 당국은 거래소의 상장 코인에 관해서는 직접 관여하지 않고, 은행을 통해 간접적으로 평가하겠다는 태도를 유지해왔다. 특정금융거래정보법에 따라 암호화폐거래소를 비롯한 가상 자산 사업자는 은행으로부터 실명 확인 입출금 계좌를 받고 금융정보분석원(FIU)에 신고해야 한다. 은행연합회는 각 은행에 거래소에 상장된 코인의 안전성을 평가하는 내용의 가이드라인을 배포했다. 이처럼 은행에 거래소 검증을 맡기고 한 발짝 뒤로 물러서 있는 것처럼 보이던 금융 당국이 각 거래소에 상장폐지 종목과 유의 종목 리스트를 요구한 것은 실제로 상장 코인에 대해 직·간접적으로 들여다보겠다는 뜻으로 풀이된다.

특히 이번 주부터 시작될 예정인 암호화폐거래소 실사 시기와 맞물려 파장이 있을 것으로 예상된다. 금융 당국은 6월 10일 암호화폐거래소 33곳과 간담회를 열고, 신고 수리를 돕기 위한 컨설팅을 이번 주부터 진행하겠다고 밝혔다. 직접 금융 당국이 거래소 현장을 방문해 실사하겠다는 것이다. 업계에서는 명목은 신고 수리 지원을 위한 컨설팅이지만 사실상 옥석 가리기를 위해 금융 당국이 본격적으로 움직이는 것 아니냐는 분석이 나온다. 이번 주부터 금융 당국이 실사와 함께 거래소를 압박하면 빗썸·코인원·코빗을 비롯한 주요 거래소에서 업비트와 마찬가지로 대규모로 알트코인을 정리할 수 있다는 우려가 제기되는 까닭이다.

문제는 코인 평가에 대한 제대로 된 기준이 없다는 점이다. 거래소가 금융 당국의 압박에 대규모로 코인을 상장 폐지하면 11일 업비트 사태에서 보듯 피해는 고스란히 투자자에게 돌아간다. 실제 업비트는 프로젝트와 사전에 충분한 소통 없이 일방적으로 코인을 상장폐지하면서 논란에 휩싸였다. 갑자기 상장폐지 통보를 받은 투자자들도 코인 가격이 급락하면서 피해를 입었다. 금융 당국 관계자는 "금감원이 이번에 목록을 요구한 것은 시장 상황을 파악하기 위한 것"이라며 "관련 법안이 없는 상황에서 금융 당국이 거래소에 특정 코인에 대해 상장 폐지하라고 요구할 권한은 없다"라고 말했다.

코인 거래 차트

4대 거래소를 제외한 나머지 수십 개 거래소 대부분은 여전히 검증해 줄 은행조차 찾지 못한 상태로, '무더기 폐쇄'가 점차 현실로 다가오고 있다. 6월 20일 금융권에 따르면 케이뱅크, NH농협은행, 신한은행은 현재 실명계좌 제휴 관계인 각 업비트, 빗썸, 코인원, 코빗에 대해 '가상 자산 사업자(암호화폐거래소) 자금세탁 위험평가'를 진행하고 있다. (사진_뉴시스)

금융 당국, 빗썸·고팍스 등 거래소 4곳 실사 착수

금융 당국이 빗썸·고팍스 등 암호화폐거래소 4곳에 대해 동시다발적인 실사에 들어갔다.

2021년 6월 15일 업계에 따르면 금융위원회 산하 금융정보분석원(FIU)·금융감독원·한국인터넷진흥원(KISA) 등 관계 부처들로 구성된 실사단이 빗썸·코인원·고팍스·지닥 등 주요 암호화폐거래소에 대한 실사에 들어갔다. 실사 기간은 1주일이다.

실사단은 컨설팅 신청을 받은 거래소 중에서 임의로 대상을 선정한 후 실사에 나섰다. 첫 실사 대상으론 4대 거래소에서 2곳(빗썸, 코인원), 중소형 거래소에서 2곳(고팍스, 지닥)이 선정됐다. 지난 2021년 6월 11일 기습적인 상장폐지 통보로 투자자들을 혼란에 빠뜨렸던 업비트는 당국과 실사 일정을 협의 중이다.

앞서 금융 당국은 지난 10일 암호화폐거래소 33곳과 간담회를 열고 특정 금융거래정보의 보고 및 이용 등에 관한 법률에 따라 가상 자산 사업자 신고 수리를 돕기 위한 컨설팅을 이번 주부터 진행하겠다고 공표한 바 있다.

코인 거래소 풍경

거래대금 1위의 업비트조차 투자자와 재단의 반발을 무릅
쓰고 불과 1주일 사이 약 30개의 코인을 무더기로 상장 폐
지하거나 원화 마켓에서 제거한 '사건'도 사실 검증과 관련된
절박함이 드러난 사례다. 은행의 실명계좌 검증 과정이나 특
금법 신고 과정에서 이른바 잡코인이 많을수록 '안정성' 측면
에서 감점을 받을 가능성이 크기 때문이다.(사진_뉴시스)

은행권, 4대 암호화폐거래소 실명계좌 심사 착수

은행권이 4대 암호화폐거래소를 대상으로 '실명계좌를 내
줘도 좋을지' 판단하기 위한 검증에 들어갔다.

자금세탁 사고 등의 위험과 가상화폐에 대한 금융 당국의 모호한 태도 탓에 지금까지 몸을 사리고 눈치를 보던 은행이 마침내 암호화폐거래소 실명계좌 발급 검토 작업에 착수한 것이다.

평가가 시작됐다는 사실만으로 4대 거래소의 실명계좌 재계약 기대는 커졌지만, 여전히 신중한 은행권의 태도로 미뤄 아직 '4대 거래소 전원 통과'를 장담할 수 없는 상황이다.

더구나 4대 거래소를 제외한 나머지 수십 개 거래소 대부분은 여전히 검증해 줄 은행조차 찾지 못한 상태로, '무더기 폐쇄'가 점차 현실로 다가오고 있다.

6월 20일 금융권에 따르면 케이뱅크, NH농협은행, 신한은행은 현재 실명계좌 제휴 관계인 각 업비트, 빗썸, 코인원, 코빗에 대해 '가상 자산 사업자(암호화폐거래소) 자금세탁 위험평가'를 진행하고 있다.

케이뱅크는 지난달부터 업비트와 평가 준비를 시작해 최근 본격적으로 서면 중심의 심사에 들어갔고, 신한은행도 이달 초부터 코빗을 서면 평가하고 있는 것으로 확인됐다. 농협은행도 빗썸과 코인원으로부터 각각 지난 6월 17일, 지난달 말 평가를 위한 자료를 넘겨받아 막 서면 평가를 시작했다.

앞서 은행연합회를 중심으로 은행권이 마련한 '위험평가 방안' 가이드라인에 따르면, 이들 은행은 현재 '필수 요건 점검' 단계에 있는 것으로 보인다.

이 단계에서 은행은 해당 거래소의 ISMS(정보보호 관리체계) 인증 여부, 금융 관련 법률 위반 여부, 고객별 거래명세 구분·관리 여부 등 법적 요건이나 부도·회생·영업정지 이력, 거래소 대표자·임직원의 횡령·사기 연루 이력, 외부 해킹 발생 이력 등 사업 연속성 관련 기타요건을 문서나 실사 등의 방법으로 들여다본다.

서면 평가 등을 통해 필수 요건 점검이 마무리되면, 항목별로 점수를 매겨(정량 평가) 자금세탁 위험과 내부통제 적정성 등을 평가하는 작업이 이어질 것으로 예상된다.

농협은행 관계자는 "서면으로 먼저 예비평가를 하고 나면 실사를 포함한 본 평가를 하고, 재계약 여부를 최종 판단할

예정"이라며 "두 거래소의 평가는 동시에 시작해 동시에 끝내는 것으로 계획하고 있다"라고 설명했다.

암호화폐거래소(가상 자산 사업자)들은 9월 24일까지 실명계좌 등 전제 조건을 갖춰 특금법 신고를 마치지 않으면 사실상 문을 닫아야 한다.

현재 은행으로부터 실명계좌를 받아 영업 중인 4대 암호화폐거래소 역시 은행의 이번 검증을 통과해 재계약에 성공하지 못하면 구조조정을 피할 수 없게 된다. 일단 평가가 시작된 것은 긍정적이지만, 4대 거래소도 결코 안심할 수 없는 상황이다.

거래대금 1위의 업비트조차 투자자와 재단의 반발을 무릅쓰고 불과 1주일 사이 약 30개의 코인을 무더기로 상장 폐지하거나 원화 마켓에서 제거한 '사건'도 사실 검증과 관련된 절박함이 드러난 사례다. 은행의 실명계좌 검증 과정이나 특금법 신고 과정에서 이른바 잡코인이 많을수록 '안정성' 측면에서 감점을 받을 가능성이 크기 때문이다.

빗썸의 경우 최근 실질적 소유자가 사기 혐의 기소 의견으로 검찰에 넘겨지는 등 지배 구조상 불안 요소도 있다. 농협은행 관계자는 "대주주 사기 혐의 검찰 송치 사실이 가상 자산 사업자 제휴 거절 요건은 아니나, 위험 평가상 감점 요인이 될 수는 있다"라고 말했다.

거래소 심사를 진행 중인 다른 은행 관계자는 "시장에서는 최소한 기존 실명계좌 제휴 거래소는 은행들이 살리지 않겠느냐는 추측도 있는 것 같다"라며 "하지만 특금법 기준에 맞추자면 보완해야 할 부분이 너무 많다. 거래소에 계속 보완을 요구하고 있지만, 시한까지 제대로 충족할 수 있을지는 지금 단언하기 어렵다"라고 분위기를 전했다.

그나마 은행 평가라도 받는 4대 거래소는 사정이 매우 좋은 편이다. 나머지 거래소 대부분은 실명계좌 발급을 상담하고 평가를 받을 은행조차 구하지 못한 상태다. 지난 3일 금융 당국과 20개 거래소의 첫 간담회에서도 거래소들은 하나같이 "실명계좌 발급을 신청하려고 해도 은행들이 잘 만나주지도 않는다"라며 "금융위원회에서 좀 (은행들에) 적극적으로 나서 달라고 말 좀 해달라"고 불만을 터뜨린 것으로 알려졌다.

이들 20곳이 ISMS 인증을 받은, 어느 정도 규모를 갖춘 거래소인데도 이런 상황이니 나머지 군소 거래소의 경우 사실상 은행 검증과 실명계좌 발급은 포기한 것으로 봐야 한다는 게 은행권과 업계의 시각이다. 10위권의 한 거래소 관계자는 "시중은행, 지방은행과 계속 소통하고 있다"라며 "(은행) 내부 기준을 통과해도, 은행이 시장 리스크를 감당하지 못해 꺼리는 것 같다"라고 말했다. 다른 거래소 관계자는 "이미 주요 시중은행은 (암호화폐거래소 제휴를) 안 하는 것으로 방침을 정해 계약이 어렵고, 소수 지방은행과 접촉을 시도하고 있다"라고 전했다. 또 다른 거래소 관계자도 "접촉하는 곳 중 주요 은행은 없고 지방은행 5~6곳과 연락 중"이라고 말했다.

KB·하나·우리금융지주 등은 자금세탁 사고 연루 위험 등을 이유로 가상화폐 거래소 검증 작업에 참여하지 않기로 사실상 내부 방침을 정했다.

금융 당국 관계자는 "(거래소들의 요구대로) 당국이 은행에 특정 거래소와 실명계좌 계약을 권유하는 것은 오히려 은행의 독립적이고 객관적인 판단을 저해하는 행위일 수 있다"라며 "형평성 문제도 있고, 법적으로도 은행 판단에 개입할 수는 없다"라고 말했다.

은성수 금융위원장은 6월 23일 특정금융정보법(특금법) 유예 기간 종료를 앞두고 거래소들의 대대적인 '잡코인' 정리가 이뤄지고 있는 것과 관련해 "상장폐지와 같이 거래 정지되는 부분까지 정부가 어떻게 할 수 없어 안타깝다"고 말했다.(사진_뉴시스)

금융당국, 문 닫는 가상자산 거래소에 최후 통첩[1]

금융당국이 특정금융정보법(특금법) 개정안의 기준을 맞추지 못할 것으로 전망되는 가상자산사업자들에게 사실상 최후통첩을 날렸다. 금융정보분석원(FIU) 등록 마감일인 오는 24일까지 정보보호관리체계(ISMS) 인증 체계와 실명계좌 발급 등 특금법 조건을 맞추지 못해 폐업할 경우 취해야 할 권고사항을 제시하면서다.

금융권에서는 등록 마감을 3주 정도 앞둔 가운데 대다수의 가상자산거래소가 특금법상 요건을 채우지 못해 문을 닫을 것으로 보고 사전에 경고를 날렸다는 분석이다.

---

1. lkn@bizwatch.co.kr, 2021.09.06. 이경남 기자

가상자산 거래업자 대상 설명회. 2021.09.06.

금융당국은 6일 가상자산거래업자를 대상으로 신고 설명회를 개최하고 신고관련 주요 사항 등을 안내했다고 밝혔다. 이번 금융당국이 가상자산거래업자들에게 설명한 것은 사실상 '폐업 시 권고사항'이다.

특금법에 따라 가상자산거래업자가 사업을 영위하기 위해서는 ISMS인증과 은행으로부터 실명계좌를 발급받아야 하는데, 현재까지 이 두 가지 조건을 충족한 채 금융정보분석원에 신고를 마친 곳은 업비트 한 곳이다. 이 외 20개사가 ISMS 인증을 받았거나 인증 심사 중이지만, 은행으로부터 실명계좌를 발급받은 곳은 코인원, 코빗, 빗썸 등 세 곳뿐이어서 사실상 4곳의 가상자산 사업자만 사업을 영위할 수 있을 것이란 분석이 지배적이다. (업비트, 코인원, 코빗, 빗썸 등 4곳)

이날 금융당국이 가상자산거래업자들에게 권고한 것 역시 영업 종료 시 준수사항이다.

가상자산거래업자들은 신고요건을 갖추기 힘들어 거래소 영업을 종료하는 경우 이용자 피해를 최소화하기 위한 방안 이행에 즉시 나서야 한다. 이 방 안에는 영업종료 사전 공지, 회원정보 파기 등이 포함돼 있다.

특히 영업종료 직후 이용자 예치금과 이용자 소유 가상자산에 대해 보존 조치해야 하며, 이용자 소유 가상자산의 타 취급업소나 개인지갑으로 출금 및 이용자 예치금의 출금을 적극 지원해야 한다. 이를 위해 영업종료일 이후 최소 30일 동안 전담창구를 운영해야 한다.

금전 개입 없이 가상자산 간의 거래만을 중개하거나 원화, 달러 등 금전과 가상자산 간의 거래 서비스(원화마켓)만 중단하는 경우에도 원화마켓 종료 사실을 금융당국에 확인받아야 하며 24일에는 원화마켓 서비스를 모두 종료해야 한다. 금융

당국은 가상자산사업자의 줄폐업이 예상된 만큼 이용자 역시 각별한 주의가 필요하다고 당부했다.

금융당국 관계자는 "FIU에 신고하지 않은 가상자산사업자는 폐업이나 영업중단을 할 수밖에 없는 상황"이라며 "이용자는 가상자산사업자의 폐업과 영업중단 등에 따른 피해가 발생되지 않도록 가상자산사업자 신고여부, 폐업 및 영업중단 공지 등을 주기적으로 확인해달라"고 당부했다.

이어 "필요한 경우 사전 예치금, 가상자산을 인출하는 등 선제적인 조치를 취할 필요가 있다"며 "가상자산사업자가 예치금이나 가상자산의 인출 요청 등을 거부하거나 지연하는 등 갑작스러운 영업중단 사례가 발생할 경우 금융정보분석원, 금융감독원, 경찰 등에 즉시 신고해달라"고 강조했다.

불법 가상화폐를 비유하는 글을 하나 소개합니다.

원숭이가 많은 한 마을에 어떤 사업가가 와서 원숭이 한 마리당 100만 원을 주겠다며 원숭이를 잡아달라고 합니다. 사람들은 반신반의하였지만 널리고 널린 원숭이를 잡아다가 사업가에게 줍니다.

사업가는 약속대로 100만 원을 지불합니다. 원숭이 개체수가 점점 줄어들자 사업가는 이제 200만 원을 주겠다고 합니다. 마을 사람들은 기를 쓰고 잡아다 줍니다. 물론 사업가는 약속대로 돈을 지불합니다.

크게 줄어든 원숭이는 이제는 이 마을에서 찾아보기도 힘들어집니다. 그럼에도 사업가는 오히려 가격을 더욱더 올립니다. 이제 이 마을에는 애 어른 할 것 없이 모두 다 원숭이

잡기에 혈안이 됩니다.

완전히 씨가 말라버린 원숭이를 잡아오라며 사업가는 마리당 800만 원까지 제안합니다. 하지만 이제 이 마을에 원숭이는 찾아볼 수가 없습니다. 마을 사람들은 고민하게 됩니다. 그러다 사업가는 잠시 도시로 나가고 그 밑에 있던 부하 직원이 와서 말합니다.

내가 1마리당 500만 원으로 그동안 잡아온 원숭이를 주겠다고… 그러니 나중에 사장이 사러 오면 800만 원에 팔라고 합니다. 사람들은 열광하고 빚을 내서 그 원숭이들을 몽땅 사들입니다.

그러고는 그 착한 직원을 입이 마르도록 칭찬합니다. 그런데 원숭이를 모두 판 직원은 하루아침에 사라집니다. 물론 도시에 나간 사업가도 영영 돌아오지 않습니다.

마을은 다시 원숭이로 넘쳐납니다. 하지만 마을 사람들은 이제 돈이 하나도 없습니다. 오히려 엄청난 빚만 남았습니다.”

이것이 가상화폐의 현실입니다.

어느 은행 고위 간부의 조언입니다!

* 한 번 속으면 속이는 사람이 나쁘고 두 번째 속으면 속
는 사람이 나쁘고 세 번째 속으면 두 놈이 공범(共犯)이란
말이 있습니다.

* 우리 모두 모르는 사이 슬그머니 코인 사기 다단계 판매
의 공범이 되어가고 있는 게 아닌지 주변을 다시 한번
살펴보아야 하겠습니다.

종달새와 고양이

한 마리 종달새가 숲길을 따라 움직이는 작은 물체를 발견
하고 호기심으로 다가갔습니다. 그것은 고양이가 끌고 가는
작은 수레였습니다. 그 수레에는 이렇게 쓰여 있었습니다.

'신선하고 맛있는 벌레 팝니다.'

종달새는 호기심과 입맛이 당겨 고양이에게 물었습니다.

"벌레 한 마리에 얼마예요?"

고양이는 종달새 깃털 하나를 뽑아주면 맛있는 벌레 세 마
리를 주겠다고 했습니다. 종달새는 망설임 없이 깃털 하나
뽑아주고 벌레 세 마리를 받아 맛있게 먹었습니다.

종달새는 깃털 하나쯤 뽑았다고 해서 날아다니는 데는 아

무런 지장이 없었습니다. 한참을 날다 또 벌레가 생각났습니다. 여기저기 돌아다니며 벌레를 잡을 필요도 없고 깃털 몇 개면 맛있는 벌레를 배부르게 먹을 수 있는 게 너무나 편하고 좋았습니다.

이번에는 깃털 두 개를 뽑아주고 벌레 여섯 마리를 받아먹었습니다. 이러기를 수십 차례 하였습니다.

그런데 어느 순간 하늘을 나는 게 버거워져서 잠시 풀밭에 앉아 쉬고 있는데, 아까 그 고양이가 갑자기 덮쳤습니다. 평소 같으면 도망치는 것은 일도 아니었지만 듬성듬성한 날개로는 재빨리 움직일 수 없었습니다. 후회했지만 때는 늦었습니다. 종달새는 벌레 몇 마리 때문에 목숨을 잃었습니다.

상대를 무능하게 만드는 가장 쉬운 방법은 '공짜심리'에 맛들게 하는 것'입니다.

무엇을 얻고 싶다면 당신을 잃지 마세요!!
욕심에 눈이 멀면 함정에 빠지게 됩니다.
땀을 흘려 얻은 대가가 진정 소중한 것입니다.

냄비 속의 개구리 이야기는 독자 여러분들도 익히 알고 계실 것입니다. 처음부터 끓는 물에 들어간 개구리는 깜짝 놀라 뛰쳐나오겠지만 미적지근한 물에 들어간 개구리는 물이 천천히 끓는 동안 위험을 느끼지 못하고 서서히 죽어 간다는 이야기이지요. 서서히 일어나는 중요한 변화에 반응하지 않고 무능하고 무관심한 사람들을 은유할 때 사용되는 우화입니다.

코인은 가상화폐의 성격을 가지고는 있으나 정부보증이 없어 가상화폐는 아니며, 완벽한 블록체인 기술로 보안이 되는 코인의 경우에만 투자의 책임은 오로지 본인에게 귀속되는 투자재로서 가치가 있다는 것이 정립된 상식입니다. 코인 투자의 위험성, 코인 사기의 위험성에 대하여 너무나 많은 예를 들 수 있습니다. 그러나 우리 독자들은 이 정도만 예를 들어도 충분히 이해하실 것으로 확신합니다.

박대겸

맺는 글

코로나19가 국내에 발생한 지도 벌써 2년이 다 된 것 같습니다. 소비자들의 시선은 비대면 세계로 한 걸음 더 나아가기 시작했습니다. 네트워크 판매-다단계 판매는 관계를 이용한 마케팅 방식인데 비대면 시대에는 없어질까요? 아니면 더욱 성황을 이룰까요?

합법적인 네트워크 판매-공정한 판매수당의 배분 구조를 가지고 있는 네트워크 판매는 더욱 발전할 수 있을 것이라는 예측을 한다면 억측일까요? 새로운 제품의 소비시장을 개척하기 위해서는 바이럴 마케팅, 관계를 이용한 바이럴 마케팅이 매우 유용한 수단이 될 수도 있을 것입니다.

빠른 시일에 큰 소득을 얻을 수 있다는 꼬임은 불법 다단계 판매라는 뱀의 혓바닥이자 다중을 현혹시키는 마술의 지팡이임을 우리는 순간 잘 잊어버립니다. 욕심에 눈이 멀어 함정에 빠지는 것이지요.

네트워크 마케팅에 돌려막기의 폰지 사기 수법과 피라미드식 수당 지급 구조를 배합하는 순간 수많은 피해자를 양산하는 다단계 판매 사기로 발전하게 됩니다. 그러나 누구나 알 수 있는 이런 손쉬운 구별법을 실제로는 대부분의 피해자들이 놓치고 끝내는 큰 피해를 보게 되는 것이 현실이었습니다.

왜 그럴까요? 사기 다단계 판매업자들의 언변과 논리가 모든 피해자들을 압도해서일까요? 절반은 맞고 절반은 틀립니다. 맞는 절반은 이들이 피해자들의 큰 욕심을 교묘히 이용하는 언변을 구사했다는 점입니다. 그러나 틀린 절반은 피해자들이 일확천금의 욕심 때문에 그들의 궤변을 꿰뚫어 볼 수 없었다는 점입니다.

인류의 화폐는 조가비부터, 청동, 은, 금까지 진화하여 왔으며 지폐는 금 태환 지폐로부터 시작하여 현재는 정부 지급 보증의 지폐로 정착되고 있다 할 것입니다.

정부 지급보증의 지폐는 공권력이 개인의 사생활까지 지배할 수 있게 한다는 염려를 가지고 정부나 중앙기관으로부터 개인의 프라이버시를 지키려는 '사이버펑크 운동'에 가담했던 암호학자들이 있었습니다.

이들은 2008년 9월 15일 투기버블이 터져 금융위기가 발생하자 정부 중심의 화폐제도로 인한 경제 위기라고 생각하면서 정부의 통제에서 벗어나는 새로운 암호화폐가 나올 때가 되었다고 생각하게 되었습니다. 이들 중 하나인 사토시 나카모토에 의해 금융위기 3개월 후인 2009년 1월 3일 최초로 개발된 비트코인이 최초로 개발된 암호화폐입니다.

코인은 가상화폐의 성격을 가지고는 있으나 정부의 지급보증이 없어 가상화폐는 아닌 투자재로서의 성격을 가지며, 일부 화폐로서의 교환 기능을 가지고 있기도 합니다. 비트코인 이외 이더리움 등 수많은 코인들이 계속 생겨나고 있습니다. 심지어는 국내에서도 우후죽순 격으로 생겨나고 있는 현실입니다. 코인의 핵심은 해킹이 되지 않는 보안기술인 블록체인 기술에 있습니다. 물론 비트코인은 검증된 완벽한 보안의 블록체인 기술을 가지고 있다는 것이 정설입니다. 그러나 국내에서 개발된 코인들 모두가 완벽한 보안의 블록체인 기술을 보유하고 있는지는 검증이 미흡한 것 또한 현실입니다.

최근의 코인 사기는 국내 기술로 개발된 코인에다 돌려막기 방식의 폰지 사기 수법과 피라미드식 수당 지급구조 모델까지 결합한 다단계 판매 사기의 형태를 하고 있습니다. 다단계 판매 사기에 코인을 결합하여 더욱더 그럴싸하게 만들어서 사람들을 현혹하여 피해자를 양산하고 있습니다.

완벽한 보안의 블록체인 기술, 객관적으로 검증된 기술로 만들어진 코인인지, 폰지식 돌려막기가 아니고 실제 우수한 품질의 제품이나 신기술 제품을 35%의 법정 수당으로 적정 가격으로 판매하는지는 물론 피라미드 최상위 계층에게 집중되는 수당 지급모델 구조인지를 확인하는 것이 네트워크 판매사업에 투자하기 전의 필수 점검 사항이라 할 수 있을 것입니다.

재무적 자유를 얻기 위한 머니게임에는 여러 가지가 있을 수 있으며, 물론 네트워크를 이용한 매출 증대도 포함된다고 할 수 있습니다. 그리고 주식, 채권, 선물 투자 등 단계적으

맺는 글

로 선택할 수 있을 것입니다.

재무적 자유를 얻기 위해 머니게임에 참여하는 것은 필수입니다. 여러 가지 머니게임 중에 어느 것을 선택할 것인지는 본인의 선택입니다. 여러분들의 조카가 특정 게임에 익숙하여 그 게임을 정확히 기억하고 예측하여 여러분들을 항상 이기듯이 머니게임에 참여하기 전에는 머니게임의 규칙을 잘 파악하고 정확한 예측 능력을 키우는 것이 필요합니다.

스스로를 주변 지인들과의 관계에 있어서 탁월한 관계 대응 능력이 있다고 판단한다면 네트워크 판매와 온라인 쇼핑몰을 결합하고, 배달을 결합한 판매게임-머니게임에 참여할 수도 있을 것입니다.

네트웍마케팅 건전화 시민연대가 추진하고 있는 불법 다단계 추방 운동에 적극 동의하며 같은 취지의 서술을 위하여 인터넷 검색, 신문기사 검색, 월간지 검색 및 관련 도서 검색 등으로 많은 자료를 수집하고 정리하였음을 밝혀둡니다.

신경식

필자는 전국 은행(시중은행)의 지점장에 전국 최연소 38세로 발탁되어, 지점장 생활을 7년간 하였고, 금융기관 근무를 약 23년간 하였으며, 은행 퇴직 이후 증권회사에서 지점장으로 3년 근무하며, 위험성이 있는 증권 업무와 안정성을 추구하는 은행 업무의 다른 점도 체험했다. 그리고 박사학위 취득 후 대학에서 근무하면서 주로 금융 관련 업무인 화폐금융론, 투자론, 선물옵션실무, 부동산투자 및 실무를 강의했다.

　벌써 금융 근무 연수와 대학 근무 연수가 비슷해지고 있다. 이 많은 시간에 필자는 많은 투자자를 면담하며 부자 되는 길을 연구하였다.

　돈 버는 재능은 이미 큰돈을 번 사람들의 발자취를 보면 대부분 자기 분야에서 열심히 일하고, 일하면서 받은 돈을 저축하고, 저축한 돈을 투자함으로써 큰돈을 창출하고 있다.

근검절약하고 부지런히 일하는 것 외의 왕도는 없다는 것이다. 필자가 앞에서 설명한 땀 안 흘리고 일확천금을 노리는 코인이나 불법 다단계 같은 것은 일부 처음 시작한 몇 사람만 돈을 벌 수 있다는 것이 필자의 의견이다. 즉 95% 손해를 보고 나머지 일부 사람만 이익을 내는 구조이다.

근대 경제학의 창시자로 불린 아담 스미스는 그의 저작 『국부론』을 통해 부의 원천은 노동에 있고, 부의 증진은 노동 생산력의 개선에 있다고 말했다.

부자들이 돈 버는 첫 번째 원칙은 자신의 분야에 열심히 일하는 것이다. 지식과 정보를 통해 돈을 버는 시대인 것이다. 미국에서 베스트셀러가 된 릭 에덜먼의 『부자가 되는 길』은 적은 돈과 긴 시간의 결합이라고 했다. 이는 수많은 부자들이 가난을 벗어나 부자 대열에 합류하기 위해 한결같이 활용한 공식이다.

그러나 가난하고 앞으로도 부자가 될 가능성이 적은 사람들은 부자와 정반대로 많은 돈과 짧은 시간으로 큰돈을 벌고자 한다. 부를 만들 때 필요한 것은 많은 돈이 아니라 적은 돈과 긴 시간이 필요할 뿐이라 했다. 그리고 부자가 되는 비결은 열심히 일해 돈을 벌고, 그 돈을 저축하고 저축한 돈을 투자하는 것이다. 이것을 아주 긴 시간 반복하면 어느새 부자가 된다는 원리다.

땀 안 흘리고 버는 돈은 일시적으로 벌리더라도 어느새 물거품처럼 빠져 나간다는 사실이다. 요즘 코인이나 피라미드 다단계 같은 것을 통해 땀 안 흘리고 벌 수 있을 수는 있으나, 그 돈은 어느새 남의 호주머니에 들어갈 가능성이 많다는 것이다. 우선 부자가 되기 위해서는 자기가 몸담고 있는 직장에서 자신의 능력을 최고로 발휘하여, 최선의 업무를 수행하며, 더 나은 직업, 더 나은 환경에 속하게 위한 수단으로 사용해야 한다고 했다. 우리나라에서 대부분 부자의 반열에 오른 사람들은 주로 부동산에 투자하여 성공한 경우가 많고, 주식, 금 투자 등은 많은 연구가 있어야 한다. 부동산은 집을 서울에 가지고 있느냐, 지방에 가지고 있느냐에 따라 큰 차이가 났고, 같은 지역이라도 몇 년 새 몇 배 오른 아파트가 있는가 하면 20년 전이나 지금이나 아파트 가격이 같은 지역도 있다. 건전한 투자는 부동산과 주식 이것만 잘 연구하고, 전문가와 의논하면 아직도 기회가 많다고 필자는 생각한다. 한 예로 부동산 투자에도 아파트와 토지보다 상가는 정말 잘 투자해야 한다. 상가에 잘못 투자하면 가격이 오르지 않을 뿐만 아니라 매월 관리비란 비용이 많이 들어가 빈 점포가 되면 여러 가지 머리 아픈 일만 생긴다. 끝으로 재테크에 성공하여 돈의 즐거움을 누리면서 삶을 살려면 미국의 유명한 투자자 워렌 버핏의 투자 비법을 배울 필요가 있다. 코인이나 피라미드 다단계 같은 높은 수익률에 현혹되어 잘못 투자하여 원금을 잃지 않기를 바라며, 이 세상에는 상식을 초월한 투자 수익은 있을 수 없고, 앞으로도 아마 없을 것이다. 땀 흘려 번 돈이 진정한 내 돈이라고 생각하면, 절대 실수는 없을 것이라고 장담한다.

워렌 버핏의 투자 원칙 두 가지 중 제1원칙은 "투자원금을 잃지 마라!" 제2원칙은 "1원칙을 절대 잊지 마라."라는 유명한 말이 있다. 2018년에 워렌 버핏의 투자 방법을 배우기 위해 같이 점심식사를 할 수 있는 권리가 35억 5천만 원에 낙찰된 바 있다. 그리고 점심식사 후 공개된 투자 비법 중 하나가 투자 원금을 지키는 것이다.

황우상

〈알리는 글〉

전화 한 통으로 누구나 쉽게 사기 피해를 모면할 수 있다. 지인이 당신에게 4차 산업혁명 시대에 획기적인 아이템이 있다고 하면서 회원 가입과 동시에 투자를 종용한다면 아래 공공기관에 전화를 해 보자. 전화 한 통화로 소개받은 그 업체가 불법업체인지 아닌지 당장 알 수가 있다. 지인이 소개한 그 투자업체가 공정거래위원회나 금융감독원에 인·허가를 받고 등록된 업체인지 문의하여 등록된 업체가 아니면 사기업체임을 쉽게 알 수 있다.

소개받은 그 업체가 공정거래위원회 또는 금융감독원에 등록되어 있지 않으면 99% 불법 다단계 아니면 유사 수신 폰지 사기 업체로 보면 된다.

· **공정거래위원회**
   정부민원안내콜센터 국번없이 110, 상담안내 1670—0007
   특수거래과 044)200—4433

· **금융감독원**
   금감원콜센터 1322
   민원상담 대표전화 02)3145—5114

· **공제조합**
   한국특수판매공제조합 02)2058—0831
   직접판매공제조합 02)566—1202

REFERENCE

1. antiamway.blogspot.com

2. http://www.nexteconomy.co.kr/news/photo/201204/7152_13438_5649.jpg

3. https://steemitimages.com/640x0/https

4. zziing tistory.com, m.blog.naver.com

5. https://img.khan.co.kr/news/2016/06/08/l_20160608010027319002072122.jpg

6. mblog. naver.com

7. KOREAN WORLD I JULY.2021 I 27

8. 피라미드 금융사기, '너무 좋아 꿈같다면 가짜다.' 김성중

9. https://n.news.naver.com/article/055/0000771619

10. http://it.chosun.com/site/data/html_dir/2019/11/05/2019110500369.html

11. https://www.nexteconomy.co.kr/news/photo/201806/11405_19017_1518.jpg

12. https://img1.daumcdn.net/thumb/

13. http://www.safetimes.co.kr/news/photo/201907/76043_50888_3920.jpg

14. http://www.mknews.kr/?mid=view&no=30467

15. m.blog.naver.com, shrl'13.tistory.com

16. hankyung.com

17. hankooilbo.com

18. yes24. mrblue.com

19. illustmei.tistory.com

20. bbs.ruliweb.com

21. m.blog.naver.com

22. namu.wiki

23. www. newstomato.com

24. chosun.com

25. md2biz.tistory.com

26. n.news.naver.com/article/055

27. 권호천의 ICT 인사이트

28. 출처/박예나 인턴기자 yena@sedaily.com

29. 출처/하주희 월간조선 기자 soj@chosunbiz.com

30. 토니 로빈스, Money, 알에이치 코리아, 2014

31. .https://band.us/n/a5a762v9wb8dy

32. https://band.us/n/a9ab5aWaf5sb9

33. http://www.bizhankook.com/bk/article/18770

34. https://news.naver.com/main/read.nhn?mode=LSD&mid=sec&oid=016&aid=000
    1420844&sid1=001

35. https://news.naver.com/main/read.nhn?mode=LSD&mid=sec&oid=016&aid=000
    1420844&sid1=001

36. https://n.news.naver.com/article/055/0000771619

37. http://m.cafe.daum.net/gonsil50/JfTm/193?q=%EB%B6%88%EB%B2%95%EB%8B
    %A4%EB%8B%A8%EA%B3%84&re=1

38. http://m.biz.chosun.com/svc/article.html?contid=2016031402538

39. http://m.jeollailbo.com/news/articleView.html?idxno=589216

40. http://m.maeilmarketing.com/news/articleView.html?idxno=5778

41. http://m.newsway.co.kr/news/view?tp=1&ud=2019111316412774051#_enliple

42. http://www.mknews.kr/?mid=view&no=30130

43. http://www.mknews.kr/?mid=view&no=30467

44. https://n.news.naver.com/article/003/0009663244

45. https://m.pub.chosun.com/client/news/viw.asp?cate=C03&mcate=M1002&nNews
    Numb=20180629160&nidx=29161

46. http://www.insightkorea.co.kr//news/articleView.html?idxno=25441

47. 유사수신 폰지사기 불법다단계 D9 Trading Sports 디나인 트레이딩 스포츠 D9클럽

48. https://lawstandard.tistory.com/155 [소송의 미학]

49. https://news.sbs.co.kr/n/?id=N1005518170]

50. http://www.bizhankook.com/bk/article/16661

51. https://techit.kr/view/?no=20191126080002

52. https://hellogohn.tistory.com/42

53. hellogohn.tistory.com

54. https://n.news.naver.com/article/018/0004523383

55. https://n.news.naver.com/article/003/0009669182

56. http://www.ilyoseoul.co.kr

57. https://news.naver.com/main/read.nhn?mode=LSD&mid=sec&oid=052&aid=000
1262948&sid1=001

58. https://m.asiatime.co.kr/news/newsview.php?ncode=1065581828094080

59. https://decenter.kr/NewsView/1YXQEKBSTB

60. https://joind.io/business/id/814

61. http://pub.chosun.com/client/article/viw.asp?cate=C03&nNewsNu
mb=20180629160

62. http://www.newstomato.com/ReadNews.aspx?no=931886

63. https://n.news.naver.com/article/011/0003566728

64. https://joind.io/business/id/814

65. http://it.chosun.com/site/data/html_dir/2019/11/05/2019110500369.html

66. http://m.dkilbo.com/news/articleView.html?idxno=195953

67. https://m.cafe.daum.net/dohookim/HLas/174?svc=cafeapp

68. http://road3.kr/?p=22682&cat=1479.http://www.coindeskkorea.com/news/
articleView.html?idxno=74781&utm_inter=dable

69. http://www.insightkorea.co.kr//news/articleView.html?idxno=25441

70. https://news.naver.com/main/read.nhn?mode=LSD&mid=sec&oid=011&aid=000
2864494&sid1=001

71. http://www.siminsori.com

72. https://joind.io/market/id/180.73.http://www.mknews.kr/?mid=view&no=30467

74. 마이닝시티 miningcity 채굴 폰지 사기 scam|작성자 마케터

78. http://www.sisamagazine.co.kr, 2021.07.06. 임정빈 기자

79. lkn@bizwatch.co.kr , 2021.09.06. 이경남 기자.